天下雜誌

觀念領先

稻盛和夫 活下去的力量

新裝紀念版

過好一生的六項精進之道

Kazuo Inamori
稻盛和夫 著　林子傑 譯

活　き　る　力

稻盛和夫 活下去的力量（新裝紀念版）⊙ 目錄

前言 009

第1章 我現在想告訴你們的事 015

人生決定於心中抱持的「想法」 017
「想法」形塑出「良心與人格」、「境遇與環境」 019
今日富足的文明社會，乃是建構自人類的隨意發想 023
每個人同時擁有利己與利他之心 027
想要發揮利他之心，必須要「打理」內心 031
抱持強烈願望，將「想法」化為「信念」，並且提升至「膽識」的境界 036
持續抱持純粹美麗的內心追求理念，什麼都能心想事成 039

京瓷能夠發展成為國際級企業的原因 044
沒有經驗與知識，仍然得以前進電信領域的原因 048
重建日本航空，擁有基於利他之心的三層意義 052
京瓷與ＫＤＤＩ、日本航空都是因為有「想法」才能順利 059
為一肩挑起未來的年輕學子指引迷津① 063

第2章

人為何而生 079
談談次級信貸問題所引發的金融危機 081
「人類的欲望」引發了金融危機 085
由採集轉至農耕的變化 088
現在的經濟體系是大量生產、大量消費、大量廢棄 090
近代的物質文明也有可能滅亡 094
人類是否真的能夠存活下去 098

是否該讓欲望無所節制地持續發展 101
壓抑欲望是人類的一大課題 104
同時存在的利己之心與利他之心 107
讓我們順從內心 110
不考慮得失，而是以善惡作為判斷基準 112
倘若萌生利己之心，就要發揮良心逐一消滅 114
必須了解堅持關懷之心的重要 116
為一肩挑起未來的年輕學子指引迷津② 118

第3章 拓展自身前途的六項精進之道

拓展自身前途的六項精進之道 125
如何獲得充實美好的人生 127
1 付出不亞於任何人的努力 130
2 謙虛不驕傲 134
3 每日反省吾身 137

4 為活著心存感謝 143
5 累積善行、利他行為 148
6 不要過度敏感、鑽牛角尖 155

第4章 工作必須要有哲學

159
一個人的思考方式決定人生 161
我的人生在改變思考方式之前，可說是一路不順 163
專心投入研究後，我的人生開始朝好的方向前進 167
沒有知識與經驗的我，在內心定下的座標軸 174
第二電電（ＫＤＤＩ）成功的唯一理由 179
貫徹原則 185
到頭來，只有為了社會、為了他人付出的成果，才能夠留存於世 189
人生方程式 193

無論何種思想，最後的結果都會回歸到自己身上 198
為一肩挑起未來的年輕學子指引迷津③ 202

第5章 二十多歲就該知道的經營十二條

213
經營公司時、作為一個社會人工作時必須擁有的原則 215
1 明確事業的目的與意義 218
2 設定具體目標 222
3 胸中懷有強烈願望 227
4 付出不亞於任何人的努力 234
5 追求銷售最大化和經費最小化 238
6 定價即經營 243
7 經營取決於堅強的意志 248
8 燃燒的鬥魂 252

9 拿出勇氣做事 254
10 不斷從事創造性的工作 258
11 以體貼之心真誠待人 262
12 始終保持開朗樂觀的態度，懷抱夢想和希望，以坦誠之心處世 266

第6章

稻盛哲學的力量（出自鹿兒島大學稻盛學院） 271
重現四位「稻盛研究」專家的專題討論會 273
高巖教授：為何稻盛哲學可以推動社會 277
三矢裕教授：由管理會計學角度分析阿米巴經營的精髓 298
青山敦教授：何謂稻盛經營哲學研究中心 312
四位教授心中所想的「利他之心」 322
後記　鹿兒島大學稻盛學院之挑戰 337

前言

京瓷名譽會長　稻盛和夫

我出生於一九三二年。我懂事不久，日本便面臨了第二次世界大戰的結束。

各位年輕朋友或許難以想像，戰爭剛結束時，日本幾乎所有的都市都在美軍的空襲下化為灰燼，我出生成長的鹿兒島也成了一片焦土。人們只能住在臨時搭建的鐵皮屋等等簡陋建築物中，因為缺乏糧食而挨餓受苦。

然而，即便身處如此環境，人們依然沒有失去一絲活力，反倒是下定決心，不管面對任何狀況都要活下來。人們奮發向上，拚命從事眼前可以努力的一切事務。當時是新制中學學生的我，也一樣為了讓家人溫飽，不辭勞苦地幫助父母製作燒酒與鹽。

正因為每一個國民都有這一種「活下去的力量」，才讓日本脫離了國家滅亡的危機，更以此種力量作為反動，達成了令世界讚賞的奇蹟式戰後復興，經濟上有長足發展。

另一方面，閱讀本書的諸君，想必大半都是生於日本富足後的時代，成長於物質生活不虞匱乏的時期；不僅不愁吃穿，想要的東西也會得到滿足。

生於這種只知道日本財富滿盈時代的年輕朋友，往往缺乏挑戰困難事物、跨越障礙，及力求創造、挑戰的精神。正因為現在已經獲得滿足，所以不會積極接觸新事物，只是安於現況。

或許正因為如此，才會出現許多被稱為「草食系」、「草莓族」的人們，雖然溫和體貼，但卻缺乏活下去的力量。

有一顆溫和體貼的心固然重要，但是只憑這樣的心，無法獲得跨越困難的力量。企業將在市場競爭上敗退，並且遭到淘汰；國家則在全球化競爭下一路衰退。

時代已經與過去大不相同，經濟環境急速變化，技術革新的潮流也益發加速。在這種渾沌的世局中，我們需要的是，不因為狀況隨波逐流、不輸給周遭環境、絕不對一切事物低頭的強韌精神，也就是所謂的「鬥爭心」。

倘若，現在的日本社會處於一種難以培養鬥爭心、飢渴精神的狀況，那麼一肩挑起未來的各位年輕人，就只好主動追求必須發揮飢渴精神才能活下去的環境。我們必須與富足的日常生活訣別，主動投身於困難之中。話雖如此，這種「冒險」不是每一個人都能辦得到的。

既然如此，我們至少要透過書本等精神層面上的學習，去追求飢渴精神。過去，無論是主動或被動，日本人因身處於悲慘的環境之中，每一個人都發揮了「活下去的力量」。然而生活變得富足的現代，想要激勵年輕人，就必須要有新的方法。同時，如何創造讓年輕一輩能夠主動奮發的機會，也將是今後整個社會必須思考並且盡到的義務。

我曾經在母校鹿兒島大學舉辦座談會，針對大學生以及研究所學生進行演講，同時還設有問答時間與小組專題討論。本書便是針對上述內容重新編撰而成。

本書的根本精神在於鼓勵可愛的學弟後進，希望本書對於今後將一肩挑起未來的年輕一輩而言，可以成為重新孕育「活下去的力量」的契機。倘若本書能夠成為各位擁有遠大志向、追尋人生的指南針，身為作者的我，將會感到無比喜悅。

第1章
我現在想告訴你們的事

人生決定於心中抱持的「想法」

我已經八十四歲了（編按：二〇一六年當時）。透過這八十四年的人生，我認為內心抱持著何種「想法」，將會決定人生中所有的一切。事實上，我也經歷過好幾次這樣的經驗。

正因為如此，我深信上述道理便是這個世界的真理。

首先，我希望各位可以思考一下，人類去「想」的這件事情。

一般說來，我們都認為以邏輯建構事物，並且以頭腦進行推論，也就是「思考」這件事十分重要。反過來說，應該會有很多人認為，相較之下「想」這件事任誰都會做，所以沒有什麼大不了。

然而，「想」這件事情遠比「思考」這件事情來得重要太多了。一直以來我都深信，世界上再沒有比「想」這件事擁有更大力量的事物了。

閱讀本書的諸君，也許會有人認為「擅長讀書」、「頭腦聰明」才是要緊的事。這些東西固然非常重要，可是心中究竟想著何種事情，其實比起聰明才智更為重要太多。

「想法」形塑出「良心與人格」、「境遇與環境」

所謂的「想」，雖然是人類一切的根源與基礎，但大多數人都沒有察覺這個理所當然的道理。

我們可以從兩個角度來探討「想法」。

第一，我們每天生活中所抱持的「想法」一點一滴地累積，便形塑為每一個人的良心、人品、人格。也就是說，即便每天都只想著當下的事情，但這些「想法」累積起來後，我們每一個人的良心、人品、人格便會自然成形。

總是想著「只要我自己好就夠」，心中只有擅自妄為、薄情無義

「想法」的人，我認為他會受到他心中的「想法」影響，最後變成一個薄情無義，缺乏良心、人品、人格之人。

反過來說，心中總是充滿關懷之情的善良「想法」者，也會在不知不覺中獲得充滿關懷他人之情的良心、人品、人格。

不只如此，「想法」還扮演了另一個重要的角色：所謂的「想法」，會同時形塑出適合該人的境遇與環境。

換一個說法：「想法」累積下來的成果，將會決定一個人的命運。我想即便如此說也不為過。

關於這一點，活躍於一百多年前的英國啟蒙思想家詹姆士．艾倫（譯註：James Allen，一八六四～一九一二年）曾經如此說過：

人是想法的主人、是人格的創造者，
也是環境與命運的設計師。

一個人的周圍發生些什麼事，現在又處於何種境遇呢？這些正是由自己一路走來心中所抱持的「想法」累積而生。就算你自怨自艾「我是個打從出生就註定命運悲慘的人」，也依然無濟於事。

因為，自己的命運既不是他人強加在自己身上的東西，更不是大自然賦予的，而是自己的「想法」形塑出來的。

包括與家人、鄰居及同伴之間的關係等，一切人際關係都反映了自己的內心所想。

我們往往容易心想，「我的周遭總是有一堆居心叵測、欺騙他人為樂、作惡多端的人」，但這種狀況一樣是反映自己內心的想法。

有許多宗教家、聖人、賢人，雖然以不同的表達方式以及表現手法呈現，但都告訴我們上述道理。

不幸的是，大多數的現代人都不相信自己懷抱的「想法」，蘊藏了如此龐大的力量。

不管你信或不信，實際上人生的成果、人際關係、與地方社會的關係，一切都是由自己的「想法」給創造出來的。

今日富足的文明社會，乃是建構自人類的隨意發想

相信大家都知道，以兩百五十年前起源於英國的工業革命作為契機，人類建立起近代的文明社會。這便是產生自人類「想法」的創舉。

古早的人類，過著撿拾樹果、捕魚、捕捉野獸，也就是狩獵採集的生活，可說是與自然共生。

然而，距今大約一萬年前，人類找到了自行從事生產的方法，透過培育穀物、豢養家畜且食用之，從此進入了農耕畜牧的時代。

在狩獵採集的時代中，人類並不能單純依照自己的意志活下去。

但透過農耕畜牧，人類脫離了大自然的定律，開始可以憑著自己的意志存活下去。

約莫兩百五十年前，工業革命發生，人類擁有了蒸汽機，得以在工廠使用各種機器，並且生產種類繁多的產品。

在那之後，人類不斷有新的發現與發明，科學技術獲得長足的進步，終於建立起今天的偉大文明社會。

悠久的人類歷史中，人類僅靠最近兩百五十年的短暫時間，便建立起富足的文明社會。

為何科學技術能夠有如此驚人的發展呢？不消說，當然是源自於人類原本所擁有的「想法」。

每個人心中都有許多「我想這樣做」、「如果有這種東西就方便了」、「如果這種事可以辦到」等各式各樣的「想法」。

比方說，面對一直以來總是以步行或跑步前往的地方，心想，「是否有更快、更方便移動於兩地的方法呢？」因而在心中懷抱起「我想要新的交通工具」這種有如做夢般的「想法」。這樣的「想法」成為強大的動機後，人就會開始嘗試製造新的交通工具。

在反覆經歷許多次失敗後，新的交通工具終於問世。如同上述狀況，有人發想出了腳踏車，有人發明了汽車，也有人製造出了飛機。

發明這些具體的物品，在製造的過程當中，當然必須依靠頭腦深思並且加以鑽研，然而最初的起源，往往只是心中突然浮現的「發想」而已。

一般我們都會說「不要天馬行空亂想」，那是因為「隨意發想」經常被當作一種不正經的事。

然而，「隨意發想」其實才是最重要的。我認為，浮現於人類心中的各種「隨意發想」，正是發現與發明的原動力，因此而催生了現在的科學技術。

如同上述說明，人的一切行動都是來自於內心產生的「想法」。一個人如果沒有任何「想法」，根本不可能採取行動。許多人都將「想」當作一件簡單小事並輕視之，然而世上沒有比「想」更重要的事情了。

每個人同時擁有利己與利他之心

接下來，我們來談談「發想」萌芽的人類內心。

我認為，人的內心是由兩部分所構成的。

第一部分，便是充滿欲望、「只要自己好就夠」的利己之心。人類為了維持自己的生命，必須吃進食物以攝取營養。

同時，為了防寒必須穿衣服，為了遮蔽風雨也必須居住在房屋之中。

這些讓自己活下去所必須擁有的欲望，我們一般稱為本能。而以這種本能為根本，產生「只要自己好就夠」的利己之心，是每一個人都擁有的。

第二部分，則是「想要幫助他人」、「想要對他人親切」的利他之心。

所謂的利他，便是「施惠他人」。我們不只擁有利己之心，像這種善良的利他之心，也是每一個人都擁有的。

也就是說，無論哪一個人，內心都同時並存著利己以及利他的兩種心態。而真正重要的是，究竟哪一方在自己心中占有較大的比例。

我想為各位介紹曾經得過諾貝爾文學獎的知名印度詩人——泰戈爾所寫的詩，來說明人類這兩種互相拉鋸的心。

泰戈爾所寫的詩之中，有一首詩這麼寫道：

我獨自去赴幽會。
是誰在暗寂中跟著我呢？
我走開躲他，但是我逃不掉。
他昂首闊步，使地上塵土飛揚；
我說出的每一個字裡，都參雜著他的喊叫。
他就是我的小我，我的主，他恬不知恥；
但和他一同到你門前，我卻感到羞愧。

泰戈爾在這首詩中，充分表現出人的內在住著一個充滿利他、溫柔體貼的自己，以及骯髒、愛嫉妒、易怒、只要自己好就夠、充滿欲望內心的自己。

明明我們都想要讓自己以美麗的內心活下去，但另一個骯髒的自己卻在心中如影隨形，無論如何都甩不開。這兩個自己同時住在心中，不可能分離，因此泰戈爾在神的面前為此感到羞恥。

想要發揮利他之心，必須要「打理」內心

那麼，想要抑制這種「只要自己好就夠」的利己之心，進一步發揮美麗的利他之心，我們究竟該怎麼做呢？

關於這一點，先前介紹過的英國啟蒙思想家詹姆士・艾倫將人心比喻為庭園，如此道來：

人類的心就像家中的庭園。
有人細心從事理性的耕耘，也有人放任它發展。
無論採取哪種方式，心依舊會因循各種狀況，獲得成長。

如果你不曾在自己的庭園裡，種下美麗的花草，
不久後便會因為雜草的種子散落，
變成雜草叢生的庭園。
優秀的園藝家會耕耘自己的庭園、除去雜草，種上美麗的花草，
並持續地悉心栽培。
同樣地，如果我們也想度過美好的人生，
就應該努力耕耘我們心中的庭園，
首先將不純淨的意念從心中清除掉，
種上乾淨正確的思想，
然後繼續不斷地培育它們。

摘自《原因與結果的法則》（日文版由 Sunmark 公司發行）

也就是說，人類的內心必須靠自己打理。如果置之不理，就會成為雜草叢生的庭園。

詹姆士．艾倫認為，想要打造有如美麗花草綻放於庭園的內心，就必須詳細觀察並確認自己內心的狀況，然後好好打理。

如果內心有如雜草叢生，那個人的人格將會扭曲，變成一名個性彆扭的人；同時，擁有這種負面人格的人，其周邊事物也會與他的個性共鳴，讓他過得波濤萬丈、困難無比。

反過來說，如同前面所提及，懷抱一顆美麗心腸活下去的人，不只會擁有令人讚嘆的良心、人品、人格，身邊也會因為他的良心、人品、人格而發生許多美好的遭遇。不僅工作會順遂，公司也會繁榮，更能建立一個豐足和平的家庭，以及打造一個美好的環境。人在心中所抱持的「想法」，就是擁有如此偉大的力量。

翻閱本書的朋友，應該都正為了未來拚命用功、努力工作。

這些事情固然十分重要，但是更重要的事情，便是打理、整理自己的內心。

我們必須盡可能整理心中的庭園，才能夠壓抑「只要自己好就夠」的邪惡利己之心，讓充滿關懷而美麗的利他之心充滿心中。

事實上，許多宗教家之所以會投入各種修行甚至是苦行，也是為了讓自己的心靈更為美麗，才會透過嚴格的修行鍛鍊自己，以整頓心中的意念。

像這樣讓內心變得更美、更純潔的行為，不僅是宗教家，更是我們一般人該從事的行為。

讓自己當下的內心變得更美麗，這便是一個人人生中最重要的事。我們必須注意到這一點，並且努力讓產生想法的來源，也就是我們的「心」，變得更為潔淨才行。

抱持強烈願望，將「想法」化為「信念」，並且提升至「膽識」的境界

除了懷抱純潔而美麗的「想法」以外，還有另一個我們應該做的事情，那就是在內心抱持著強烈的願望，使得「想法」昇華為「信念」。

「想這樣做」、「想那樣做」等各種「想法」，只要有心，一定能夠實現。然而，真的想要實現的那些「想法」，必須是強烈到讓你夢寐以求、廢寢忘食的「想法」不可。

我們在做任何事情時，心中首先抱持的「想法」都是「希望是這

樣」、「想要這樣」。

這些想法絕大多數都只是單純浮現心中的「突發奇想」，但卻會因為「無論如何都想實現」這種強烈的願望，而將一個「想法」昇華至「信念」。

對於此事，東洋思想名家安岡正篤，是以「知識」、「見識」、「膽識」三種說法來加以說明。

人類為了生活下去，必須學會各式各樣的知識。然而，若只是單純擁有知識，實際上很少有派上用場的機會。

如果將知識昇華為「我得這麼做」的「信念」層次，就可以作為「見識」實際應用在生活之中。

不過，安岡正篤認為這樣依然不夠。

他認為，我們必須進一步將該見識，昇華為充滿「無論如何我一定要執行」的強烈願望、強烈「想法」，面對任何事都不會動搖的「膽識」境界才行。

倘若自己想要做的事情是一件看似不可能達成的困難大業，那麼周遭的人都會對你說，「那種事情是辦不到的。」即便如此，我們還是不應該被這種聲音迷惑，並且以「哪怕你們這麼說，我還是想做那件事」這種伴隨信念的強烈「想法」，持續向前邁進。

最後，再進一步絞盡腦汁，拚命思考「那麼，我該如何做才能夠達成目標呢？」來擬定具體的戰略與戰術。

持續抱持純粹美麗的內心追求理念，什麼都能心想事成

倘若我們不能使「是不是實現不了」等疑念從心中完全消除，我們將無法實現自己的想法。也就是說，我們心中不能帶有絲毫「是不是實現不了」的懷疑。

大多數的人就算心想「我想這樣做」，也會因為覺得「條件很困難」等理由，馬上就開始產生退縮的想法。

但是我認為「我想要這麼做」的「想法」，是絕對不能容許有分毫退縮與遲疑的。

特別是想要從事某些新事物、困難事情時，只要稍微心想「這個

挺困難的」，就絕對無法成就大業。

我們必須要持續抱持著「無論如何都一定要實現這件事情」這種唯一的強烈「想法」。

比方說，有許多自以為聰明的大人，經常在嘴巴上掛著「有些事情想是一回事，但做起來又是另一回事」這類帶有否定與退縮意味的話，我們絕不能像他們一樣。

倘若這一類疑慮浮現於腦海之中，我們必須努力將它儘早從心中趕出去。

不斷相信自己能夠做到、單純且強烈地想著如何實現，便已足夠。

人類的「想法」這種東西，擁有遠超乎我們想像的強大力量。因此，我們不必去擔心枝微末節的小事情。

最重要的是，不要帶有任何疑慮，並且抱持著「無論如何都想實現那一件事」的強烈「想法」。只要我們這麼做，我相信，「想法」必然能夠獲得實現。

關於這個道理，有一位叫做中村天風的思想家曾有非常精確的說明。中村天風活在距今大約一百年前，他前往印度進行瑜伽修行並開悟以後，便回到日本經營銀行等多項事業，並且都獲得了相當的成功。

中村天風針對「想法」，以下述方式闡述其重要性：

新計畫之成就，

唯在一心不屈不撓。

讓我們拋開一切，
懷抱高傲堅毅不動的想法。

他的說法聽來或許有點舊時代的味道，但讓我們品嘗他所說的意思。如果想要訂定新計畫並使之成功，實現自己所擁有的「想法」，就要一心不屈不撓——也就是「無論遭遇什麼都絕對不放棄的心」，並且拚命努力。這就是中村天風想表達的內容。

不去思考其他旁枝末節的小事，只將「想法」專注在自己想做的事情上，然後不斷持續投入。我們只要以高傲而堅強、純潔而美麗的心，不偏不移地持續投入，那麼世上將沒有任何辦不到的事情。

我年輕時接觸中村天風的教誨而深受感動，並一直遵從此原則經營公司。我總是隨時隨地將這些話擺在自己心中的第一位，甚至也對公司員工指導相同的話。

正因為公司員工們也像我一樣抱持如此「想法」，並且拚命努力，我才能從赤手空拳開始，最終讓京瓷公司以及ＫＤＤＩ發展為今天國際級規模的大企業。不只如此，這對於我接手重建的日本航空來說也是一樣。

京瓷能夠發展成為國際級企業的原因

最後，我想要與各位談談在前述的三家企業經營中，人所抱持的「想法」是如何發揮了巨大效力。

我在一九五五年時，自鹿兒島大學的工學部畢業。鹿兒島大學工學部當時位於鹿兒島的伊敷，校舍使用以前陸軍的軍營，是座看似隨時會倒毀的木造建築。我從鹿兒島大學畢業後，便進入京都的老鋪製造商工作。

我進入的那間公司非常貧窮，處於倒閉邊緣，業績很糟糕，甚至連薪水都不會準時在發薪日匯款給員工。

我當然馬上就想要辭掉工作，不過當時我沒有其他去處。由於沒有其他可以去的地方，因此只好選擇在這間老是遲發薪水的公司，專心投入上頭命令我做的研究。

沒想到，這間公司的研究室裡，並沒有充分的機械與器具可以使用。坦白說，只有一些非常簡陋的研究設備。

然而，我在該研究所拚命研究，潛心致志於開發日本過去從未有過的新型陶瓷材料。

說實話，如此困難的研究開發，以我當時的能力與經驗，實在不是一個能夠得到成果的主題。

儘管如此，我還是將鍋碗瓢盆全都帶進研究室裡，每天早、中、晚自己做些簡單的餐點，然後窩在研究室中，為了開發出新型陶瓷材料，朝著超越自己能力的目標拚命努力。

由於當時日本沒有可供參考的事物，我想辦法弄來美國陶瓷學會的學刊，認真閱讀以確認美國最新研究的狀況，並思考如何做出比那些研究更進步的內容，每天都投入實驗之中。

這其實是公司所決定的任務，並非一開始就是自己想投入的事業。

可是，我將任務轉變為自己「無論如何都想達成」的「想法」，更進一步想「以自己的研究來拯救瀕臨倒閉的公司與同事」，然後以此境界的「想法」投入研究開發之中，最後便成功合成出當時日本最新，以全球來看也是第二新的新型陶瓷材料。

我以「無論如何都想達成」的強烈「想法」，以及「想拯救瀕臨倒閉的公司與同事」的良善「想法」，全力投入的結果，成功達成了困難的研究開發。

我在設立京瓷以後依然不變初衷，抱持著這樣的「想法」陸續開發出新材料、新產品，更開始從事新的事業開創。

這些事業之所以能夠獲得成功，正是因為我抱持著一個「想法」，那就是一定要開創一間為了員工們存在的偉大公司，並且為此夙夜匪懈地努力工作。

就因為這樣，能力上絕對不算出色的我所經營的京瓷，在今天已經得以發展為每年營業額超過一兆五千億日圓的國際企業。

沒有經驗與知識，仍然得以前進電信領域的原因

此外，現在以 au 這個品牌名稱，經手行動電話通訊事業的KDDI這間公司，也是從我純粹的「想法」中所誕生的企業。

距今約三十年前，在我剛過五十歲時，雖然沒有電信通訊事業的經驗與知識，但我還是毅然挑戰當時的電電公社（日本電信電話公社），也就是現在的NTT，一間自明治時代以來便有如巨獸的大企業。

當時的電信通訊市場由NTT一家企業獨占，因此電信通訊費用十分高昂。

這也是我為何會萌生強烈「想法」的原因——希望讓通訊費下降，降低國民對於通訊費用的負擔。

當時的京瓷規模尚小，聽到我們想要挑戰巨大的NTT，全國上下任誰都覺得這是一個無謀之舉。

可是，我心中就是強烈想著，想要國民支付的通訊費用變得更便宜，為此我一定要讓這個事業成功。

「對手是NTT，擁有四兆日圓的龐大營業額，是自上個世紀以來，便靠著國家的錢把電話線拉到全日本國所有家庭中的巨大企業。想要挑戰這樣的大企業，簡直就像挑戰風車的唐吉訶德一樣自不量力。」當大家都這麼想時，包含大企業在內的所有日本企業都因而裹足不前。

儘管如此，我還是抱持著「為了國民，無論如何一定得設法讓通訊費用下降」的強烈「想法」，思考如何從事一個既沒知識、更沒經驗的全新工作。

此時，我就是如此自問，自己想做的事情究竟「動機是善是惡，是否帶有私心」？

半年間，我不斷地嚴格詢問自己，究竟你的動機是否良善？其中是否又參雜了一己的私心？

更詳細而言，我思考的內容便是「你想要成立一間對抗NTT的新公司，其動機是否真是發自利他之心、善良體貼的心呢？你的動機中，實際上是否參雜著為了圖利自己的利己想法，想讓京瓷變得更有名、自己能夠賺更多錢的私心呢？」如此嚴格詢問自己的動機和私心為何。

透過自問自答，我確定自己的動機良善，且絕對不是以私心作為出發點後，便一氣呵成進入電信通訊事業。就是因為擁有利他之心，也就是良善的「想法」，並且拚命努力，才能獲得許多人的支援以及協助，ＫＤＤＩ也因此順遂發展起來。

今日，日本全國有許多的消費者使用 au 的手機，ＫＤＤＩ也得以成長為營收約五兆日圓的巨大企業。

沒有電信通訊事業經驗與技術的我，只因為「想讓國民通訊費用變得更為低廉」的「想法」而創建了一間公司。而此公司現在獲得如此耀眼的發展，正是一個絕佳例子，讓我確信「想法」擁有的偉大力量，以及凡事都是「心想事成」。

重建日本航空，擁有基於利他之心的三層意義

再介紹一個最近的事例。

那就是日本航空（JAL）的重建。我認為，這間日本航空也是藉由改變人們的「想法」，才能得以重生。

二〇〇九年底，我接到來自政府的懇切聘請，並告訴我，「日本航空已經快要破產，希望您能夠就任為會長（董事長），重建日本航空。」

我是一個對於航空業界完全不了解的門外漢，更何況當時年歲已高，究竟是否該接下此任，著實令我煩惱許久。

起初，我覺得無法勝此重任，因而再三婉拒政府請求。此外，我的朋友、熟識甚至家人也無一不大力反對。更有許多人告訴我「這會使你晚節不保」。

然而，受到多次請求並經過苦思良久後，回顧起自年輕時代以來的價值觀，心想「可以從事幫助社會、民眾的事業，是人類最崇高的行為」，並且基於三個理由，我最終決定接下重建日本航空的大任。

只不過，由於我年事已長，當初心想「我應該沒辦法做全職工作」，因此提出「一星期工作三天左右的話，我還做得來」的條件。

我的住處位於京都，當然我的妻子也住在此地。一旦我接下此工作，就得住進東京的飯店。也因為如此，我才會告訴他們「一星期工作三天左右的話，我應該還做得來」。

同時，我也告訴他們「因為我一星期只工作三天，所以不需要薪水」。也就是說，我是在無給薪的狀況下接下日本航空會長一職。

不過，我雖然允諾接下會長職務，但對於航空業界仍是一竅不通。

可以說我完全是處於無知的狀態。

就連新聞、雜誌等媒體，也都冷眼看好戲，宣稱，「任誰來負責重建日本航空都不是一件易事，更何況稻盛原本出身工廠，是一個從技術人員爬上來的經營者，想要靠他重整，恐怕是十分困難吧。」

即便如此，我的信念還是沒有絲毫動搖，因為我覺得日本航空的重建，含有三個利他的意義存在。

第一個意義，便是為了重建日本經濟。這是因為，日本航空不僅是代表日本的企業之一，更是象徵日本經濟停滯不前的企業。

倘若日本航空接受政府支援依然無法重新站起來，並且再次破產的話，不僅將會對日本經濟造成極大影響，甚至可能使得日本國民自此失去自信。

反過來說，只要成功重整，大家便會想，就連狀況如此糟糕的日本航空都能夠重建，那麼日本經濟必然能夠重新振作起來，國民或許也會因此振奮精神。

第二個意義，便是面對日本航空所留下來的約三萬兩千名員工，我無論如何一定要保護他們的受僱權。

我在受到政府請託前去日本航空時，面對的狀況極為悽慘，必須要請將近四萬八千名員工之中的大約一萬六千人離開公司。這是公司破產後，在公司重整法的法令之下，由各界律師、會計師齊聚一堂共同決定出來的重建計畫。

我也在心中暗暗發誓，無論如何都要保護好留下來的三萬兩千名員工不可。

第三個意義，則是為了國民，也就是為了搭乘飛機的民眾著想。

倘若日本航空倒閉，日本的大航空公司將只剩下全日空（ＡＮＡ）一間企業。這麼一來，競爭原理將不會啟動，機票將水漲船高，服務品質也會下降，這對於國民來說絕對不是一件好事。

在健全且公正的競爭條件下，由多間航空公司互相切磋琢磨，才能提供乘客更便宜、更好的服務。也因此，我認為日本航空的存在絕對必要。

我認為重建日本航空含有以上三個「基於利他之心的重大意

義」，才會決心就任日本航空的會長，並且全力投入重整事業之中。

我就任會長後，一直為了將這三個意義傳達給日本航空的員工而孜孜不倦。

也因為如此，員工們終於了解「日本航空的重建不是單純為了我們自己，而擁有更偉大的意義，更是為了社會與國民所做」。

於是，員工們便不遺餘力，一同協助我重建公司。

雖然我年事已高，卻無償接下任誰都覺得困難的重責大任，重建日本航空。或許員工們便是看到我這種拚命努力的模樣，因此深受感動吧。

當初，我本來打算一星期上班三天左右，但實際上進日本航空總公司的日子卻是逐漸增加，從一星期三天變為四天、四天再變為五天。

為此，我這個快要邁入八十歲的老頭，整個星期幾乎都宿在東京的飯店，有時候甚至以便利商店賣的兩個飯糰解決一頓晚餐。

看到我如此拚命重整日航，大概許多員工都開始想，「本來與日航毫無瓜葛的稻盛先生，竟然為了公司努力到這種程度。那麼原本便是公司一分子的我們，就應該更拚命、付出更多才是。」

員工全體改頭換面，抱持良善「想法」，一起全力以赴重整的成果是，宣告破產後僅過了兩年八個月，日本航空就在股票市場重新上市，成功搖身一變為營收傲視全球的航空公司。

京瓷與ＫＤＤＩ、日本航空都是因為有「想法」才能順利

無論是京瓷或是ＫＤＤＩ、日本航空，都不是一開始就知道有能順利走向成功的道路。

每一間公司，都是以最初的突發奇想，以及絕對要達成目標的「想法」才開始的。

可是，就因為我強烈堅持如此「想法」，並且持續付出不亞於任何人的努力，才使得原本異想天開的「想法」，帶來了遠遠超乎自己想像的美好未來。

「想法」就是擁有這麼了不起又偉大的力量。

也因此，首先請大家務必相信，一個人所抱持的「想法」一定能夠獲得實現。請絕對不要覺得「這種事想歸想，實際上是不可能實現的」。盡自己所能去抱持崇高的志向、遠大的「想法」，然後朝著該崇高遠大的目標拚死努力前進。

倘若我們這麼做，我們的「想法」就能夠逐步實現。

同時，如果我們的「想法」是「為了貢獻世人」等純潔美麗的意念，我們將能夠超越自己的力量，獲得周圍人們、甚至獲得自然的力量，使得實現的可能性進一步提高。

只不過，無論我們有多強烈地希望，我們所「想」的事情並不會馬上就實現。

心想雖會事成，但是畢竟需要時間。我已經八十四歲了，從我出社會至今六十多年來，都堅持懷抱「我想這麼做」、「我想成為這種人」等強烈的「想法」而拚命努力。

一路走下來的結果是，現在我認為我度過了一個很美好的人生。

如上所述，哪怕要花上時間，只要我們每一個人都在心中強烈抱持純粹而美麗的「想法」，並且拚命努力，「心想必會事成」這個主宰宇宙的自然法則，將可以實現。

願閱讀本書的讀者朋友們，都能夠在心中不斷堅持存有美麗的「想法」，並且過著美好的人生。

那絕對不是一朝一夕就能夠實現的事情。

雖然要花上漫長時間，但請各位絕對不要放棄，而要持續努力貫徹自己的「想法」。

我希望各位都能夠走過一個美好的人生。

※本章節自二〇一六年九月三〇日「第四回稻盛學術講座」的內容重新改寫而成。

為一肩挑起未來的年輕學子指引迷津①

於二〇一六年九月三〇日所舉辦的「第四回稻盛學術講座」，安排問答時間讓學生們提出問題。

〔問〕要怎麼樣才能正確去「想」

我是鹿兒島大學醫學部的W。我想針對自己想怎麼做，以及自己的「想法」一事提出問題。稻盛老師經常掛在嘴邊的「思考方式×熱誠×能力」之人生方程式中，指出思考方式必須要正向進取，這令我覺得去「想」也必須要想得正確，想得有如一個頂天立地的人。那麼，請問要怎麼樣才能讓我們正確去「想」一件事情呢？

〔答〕修養自我，使利他之心比重變大

「想」得正確的確是一件很難的事情。

正如我剛才所說，極端說來，人類心中有利他之心以及利己之心兩種思考方式。

其中之一是，只要自己好就夠的利己之心，另一個則是面對社會、對於周遭的他人，充滿關懷之情的利他之心。由於這兩種思考方式同時存在自己的心中，因此在這種情況下，我們該做的事情便是修養自我，盡可能使利他之心在我們心中占有更大的比例。

也就是說，我們必須透過修行來提升自我人格。換句話說，努力讓利他之心占據我們心中更大分量，並且改變自己，才是最重要的事情。因為，利他之心與利己之心每天都在我們心中互相交戰。

所以說，每次當利己之心冒出頭時，我總是會訓斥並對自己發怒。久而久之，就會養成檢討自己的習慣，不時指責自己，「喂，又開始想一些壞心腸、為自己好的事了對吧？」

就像這樣，讓利他之心在自己心中占據更大比例的功夫，是絕對不可或缺的。

〔問〕作為一個團體的領袖，要怎麼樣與成員們共享自己的想法

我是鹿兒島大學研究所的Ｋ。我現在率領一個大約有一百名學生的團體。

剛才的講座之中提到了要重視「想法」，但在統整一個團體時，每個人的「想法」都有一定落差，比方說我自己的想法與一起做事的同伴的想法，甚至是其他同伴的想法，其中應該都有相當的落差才是。

我個人認為，自己有堅持自身的想法，持續行動。可是，每個人的想法不盡相同，總是不容易將自己的想法傳達給他人。我想請教的是，怎麼樣才能將想法與周遭人共享？

〔答〕倘若想法基於「利他之心」便一定能傳達出去

這就是自己擁有的想法，與自己率領或所屬團體成員所擁有的想法不大相同的狀況。

我認為，如果你所擁有的那個想法，是基於利他之心，為了該團體的「所有成員」著想的想法，便能夠傳達給對方。

你是如何率領該團體，又想如何指引團隊的方向？這些想法不能只是基於你自己方便，而必須讓該團體所有人都覺得「必要」，也就是基於利他之心。這麼一來，總有一天大家都會感受到你的熱誠。

然而，倘若其中參雜了自己的私情，哪怕只有分毫，大家依然能夠察覺，並且會拒絕跟隨你走下去。

所以說，身為領導者，如果不將私情，也就是自我本位捨棄，並且基於「為了所有人」的利他之心去想，那麼將不會有人願意跟隨你。

〔問〕現在想要自由活著，隨著時間流逝，再慢慢使利他之心比重變大就好

我是鹿兒島大學研究所二年級的E。稻盛先生剛才所提到的利己之心與利他之心占據的比例，確實是一件很重要的事。然而我覺得自己實在沒辦法像稻盛先生一樣活到八十多歲，總感覺人生隨時有可能會遭遇不測。當我這麼一想，就覺得想要活得自由，也就是利己的比例似乎因此提高。不知我該如何對待這種感覺？

也就是說，我覺得年輕人利己的想法較強本來就是無可厚非。既然如此，那麼我們是不是只能隨時間流逝，一點一滴地提升利他之心的比重呢？

〔答〕利他之心並非隨著年紀增長，比重就會自動變大

誠如你所說，我也覺得年輕人的利己之心會比較強。

話雖如此，也並非年紀增長後，利他之心的比重就會自動變大。大家都知道有很多年紀一大把卻依然利慾薰心的人，那就是許多老人令人討厭的原因。

所以說，我還是覺得靠著自己去控制內心，藉此努力壓抑同時存在的利己之心，並盡可能使得充滿溫柔體貼的利他之心占據自己心中的大半比重，才是最重要的事情。

每個人在私底下都會想吃好吃的東西、穿好看的衣服、買好東西，這都是人之常情。但是，以我長年回顧人生看來，像你這樣的年

輕人，倘若從現在開始思考未來該如何活下去的話，我還是會告訴你，我們必須自省，更加為了世人而努力才行。

也就是說，在個人層面上為自己著想雖然是一件非常必要的事，但我們應該要有更廣的視野，去做更多幫助社會、幫助他人的事情，然後心中滿懷高超的志向持續努力下去。

我從大學畢業後就進入公司工作，而該公司就如同剛才所說的，是一間瀕臨倒閉的公司，連我都在進公司的瞬間就想要離職。該公司當年雖然來了五個大學畢業生，但到了秋天便有三個人辭職，只剩下我與另一位畢業自京都大學工學部的男性。那位男性是熊本人，我則是鹿兒島人，兩人當時還互相討論，「怎麼辦，乾脆辭掉工作算了？」

不過，當時我由於沒有其他地方好去，所以才被迫進入這間不好的公司。就算我想辭掉工作，也沒有別的公司可以去。也因此，我們兩個就討論「既然如此，那我們就去自衛隊的幹部候補生學校就讀好了」，並一起蹺班前去參加考試。結果，還真的兩個人都一起考上了。報到時需要戶籍謄本，我便寫信回鹿兒島老家索取，沒想到卻遲遲沒有接到回信。

原來，我的兄長生氣地認為，「好不容易收留你的公司，即便真的是個破爛公司，但連一年都不到便辭掉工作實在是太不像話。」因此不肯將戶籍謄本寄給我。

當時我面臨辭掉或不辭工作這個堪稱人生的分岔點，真的是煩惱萬分。留下來，就是面對破爛公司，但辭掉工作，未來會如何變化，誰也不知道。

面對這種抉擇，或許有人覺得「辭掉比較好」，另外也會有人覺得「留下來比較好」。

不過，我當時覺得，一個人的人生不應該是取決於「辭掉比較好」或「留下來比較好」的抉擇中，而是他自己的內心怎麼看待抉擇後的自己。也因此，我便留在那間公司裡拚命努力，即使面對簡陋粗糙的研究室也絕不口出任何抱怨，一頭栽進研究生活之中。結果，這也成了我開拓新型陶瓷這種新材料領域的一個契機。

正因為如此，我覺得怎麼去「想」真的是非常重要。

〔問〕如何改變因為感覺辦不到而動搖初衷的自己

我是鹿兒島大學水產學部的K。明年我要畢業就職，您所說的話之中令我印象最深的，便是出社會後第一個進入的公司處於危險狀態，而您在之後則將該公司重新撐了起來一事。

我自己有一個十分在意的部分，也是我覺得自己應該要有所改變之處，就是關於您提到將「想法」昇華成強烈的「信念」這一點。

在將「想法」轉化為「信念」時，我總是因為軟弱而動搖心志，並且煩惱自己是否真的能夠辦到。

如果我處在和稻盛先生一樣的境遇中，比方說明年要進入的公司遇到危機時，我可能不會以利他之心想拯救公司，或是思考自己能夠去做些什麼，而是直接換另一個工作。

像這樣子動搖心志、覺得自己辦不到的狀況總不免發生，為了帶給大家勇氣，請稻盛先生告訴我們您曾經做過的事情，或是曾經遭遇過的經驗好嗎？

〔答〕成功的人都不會左顧右盼，而是拚命投入該做的事

處於現今豐衣足食社會的各位，在出了學校以後便投入職場，與我當時相比，多了許多選項可供選擇。就這一點來說，某種意義上我為各位感到有些不捨。

我們過去出了學校以後，就算想找工作也很難找到理想的工作。此外，就算辭掉工作選擇跳槽，也不知道是否能去一個更好的地方。也因此，我們往往只能待在原先的地方努力。

以這點來說，或許可以說是個非常悲慘的社會環境，不過從另一方面來想，對我來說可是十分幸運。假設有一個像我一樣勉強算會讀書、腦袋不算太差、個性又不服輸的人，若是處在更好的社會環境下，或許很快就心生不滿，前往其他的公司去也說不定。

可是，由於當時整個社會處於逆境之中，狀況不允許我們這麼任性妄為，只能被迫待在原處並用心投入其中。這一件事對我來說，可說是非常好的事情。

所以對各位來說，雖然處在一個非常豐衣足食的社會，有很多選擇的機會，但我還是認為大家應該盡可能像我前面提到的一樣，拚命對目前從事的事情抱持強烈信念與想法，然後一頭栽進去努力。

最終，當我們回顧人生的成功者，無論是一般的工匠、工程師或任何工作，做事不會左顧右盼而拚命投入的人，不管在社會何處都會獲得成功。反過來說，沒有人能夠不拚命認真付出卻獲得成功。這一點無論在學術領域或是其他領域都是相同的道理。

〔問〕想知道維持動力的方法

我是法國文學部的M，感謝您本日為我們帶來美好的演講。我是一個意志不堅定的人，雖然有很多想法，總是覺得「想做好這個」、「想達成那個」，以致一開始都擁有十足熱誠，甚至帶動周圍的人一起行動，但最初所抱持的熱誠，隨時間流逝不知不覺就慢慢冷淡。

請問，這種時候要怎麼樣才能維持初衷與動力，直到最後呢？

〔答〕這只能靠你自己。方法不是靠人教就會懂的

關於這點，只能靠你自己去摸索吧（笑）。

如果我在你身邊，一定會打你屁股，然後罵說，「你是笨蛋啊！」要做什麼，就只能靠你自己，否則就沒意義了，你必須變得更堅強才是。

問題不在要怎麼樣才會變得更堅強。你那出發點，「我要怎麼做才好呢？」本身就是一個大問題。

凡事都得靠自己才行。這樣好像在與你打啞謎一樣，不過我也只能這麼回答你。

第2章

人為何而生

談談次級信貸問題所引發的金融危機

二〇〇八年十月，美國發生金融危機時，我正好身在紐約，有一個機會在約一千名日裔美籍與美國人面前演講。

我想大家都很清楚，美國發生金融危機後，全球股市一瀉千里。京瓷的股價也不例外，跌到剩下一半的價值。

為何美國會發生金融危機呢？其發端來自於次級信貸。所謂的次級信貸，便是美國的低收入戶在購買住宅時，金融機構會將資金借貸給他們，使得低收入戶得以購買房屋。

這原本是起於美國稱為「聯邦國民抵押貸款協會（Fannie Mae，房利美）」與「聯邦住房抵押貸款公司（Freddie Mac，房地美）」的民營企業，針對未持有住宅的低收入階層，以低廉利率借給他們購屋貸款。

不過，這一種次級房貸與一般貸款的計算方式不大相同。最初幾年雖然貸款利率較低，但之後利率卻會急速調高。當時美國的住宅價格年年升高，因此就算從銀行借錢購買房屋，由於房屋價值之後會提高，因此只要在貸款利率調高之前將房屋賣掉，便能充分還債。

正因為如此，才形成了經過一段時間後貸款利率便一口氣調高的結構，而不是採用固定利率。

房利美與房地美這兩間公司一直銷售這種貸款。不過當時已經持續上漲將近十年的美國房屋價格，在金融危機時由於突如其來的經濟不景氣而開始下跌。這麼一來，原本低收入的民眾打著「就算借錢買房子，將來住宅價格也會上升，所以只要賣掉就有賺」的如意算盤，突然落空了。

不只如此，經過數年後，貸款利率會一口氣調高。次級房貸的借貸人原本就是低收入階層，利率一旦變高，將會更難以償還。

他們原本打算將自己的住家賣掉來償還借款，但現在住宅的價格卻跌到比原本購買住宅的貸款金額還要低。

即使賣掉房子也不夠償還負債，所以他們賣也不是、不賣也不是，最後就連利息也付不出來。同時，借這些人錢的房利美與房地美也因此陷入困境。

美國社會可說十分嚴格，只要一延遲繳納，作為擔保品的住宅馬上就會遭到沒收。這也造成了包含紐約周邊在內的地區，有愈來愈多個人住宅遭到抵押而成了空屋。

這就是金融危機的起源。

「人類的欲望」引發了金融危機

話說回來，為何會發生這樣的金融危機呢？

金融界利用「金融工程學」這種技術，開發出各種新金融商品，長足發展。而牽引金融界發展的因素，便是我們人類的欲望。

想要製造一台汽車，或是像京瓷一樣製造電子機械，必須費盡勞苦拚命工作才行。然而，金融卻是只要在桌子上敲打電腦鍵盤，就能夠動用數百數千億的金錢，並且一口氣賺大錢。這種風潮，也吸引許多日本年輕人進入金融業界工作。

資本主義以人類的欲望作為動力，達成了今日所見的發展。其中以華爾街為中心的金融界，更是憑藉著驅使金融工程學專家的欲望，促成了驚人的發展。但我一直認為，倘若放縱人類欲望而為所欲為，將會在未來造成某些無可挽救的後果。

催生次級房貸的根源來自於放鬆的金融管制。當時ＦＲＢ（聯邦準備理事會）的主席艾倫．葛林斯潘出席美國參議院委員會的公聽會，接受議員諸多詢問長達四小時。

針對次級房貸問題，葛林斯潘遭到質問，「這次問題是否因為你在擔任ＦＲＢ主席時，對於金融機構沒有充分監督所造成？」他則回覆，「我認為對於放鬆金融市場的管制是一件好事。然而，我太相信交給自由經濟、自由市場自行運作就會一切順利。」

換句話說，葛林斯潘坦白地表達「其實應該進行管制」，承認自己採取的政策其實是失敗的。

此外，當委員長詢問，「你的信念是自由競爭的市場最好、一切交給自由市場定奪就行，這樣的想法是否有錯？」葛林斯潘也回答，「或許正如你所說的。」

換句話說，葛林斯潘本來認為放寬管制，使得人們自由進行交易，製造各種產品並販賣便已足夠，但他在公聽會上坦承，這樣的想法或許是不正確的。

放縱欲望、為所欲為而不加節制，才招來了金融危機。也就是說，現今以人類欲望為原動力發展起來的金融業界，也同樣因為欲望而產生破綻。

由採集轉至農耕的變化

關於人類的「欲望」，我們可以回顧人類的歷史來加以思考。

人類在這顆地球上已生存數百萬年。原先誕生於非洲的人類，後來從非洲擴散到世界各地。

距今大約一萬年以前，人類以狩獵採集為生，以日本來說，大概便是繩文時代左右。人類進入森林裡採集樹果或水果，又在河或海邊抓取魚類來吃。人類便是如此靠著狩獵採集得以維生。

當時，人類與動物、植物等地球上的生物圈都是共生共榮。

一直到一萬年以前都還是撿拾並蒐集食物的人類，因為心想「這樣還不夠」而砍伐森林，種植牧草，畜養家禽；又或者開拓森林、耕耘田地以種植麥子，開始畜牧農耕。

這是因為，倘若僅靠狩獵採集，在遇到氣候不好時，連樹果都無法摘取。

遇到這種狀況，人們只好忍耐飢餓的痛苦。受到氣候變化所苦的人類，因而打算靠著自身來征服自然，憑藉自己的智慧來製作物品，並且使自己的生活變得安定。

從狩獵採集轉變為畜牧農耕，是距今大約一萬年前。之後，人類靠著儲存糧食，逐漸發展。人口一旦增加，耕作地也會變得不足，於是人類繼續開拓森林，並且逐漸擴大農耕地與牧草地，人類也因此繁榮興盛地發展。

現在的經濟體系是大量生產、大量消費、大量廢棄

距今大約兩百五十年前，人類獲得了新的技術。因蒸汽機的發明，而在英國發生工業革命。自此，人類徹底開始與自然界其他動植物過著完全不同的生活。

其他的動植物依存於自然界，而活在自然界當中，只有人類靠著自己的智慧進行畜牧農耕，仰賴自己生活，創造出堪稱是「人類圈」的存在。工業革命之後，人類更進一步獲得了蒸汽機等全新的動力。

過去，人類只能憑藉牛馬等自然動力；但是工業革命後，人類開始能夠靠著自身便製造出能源。

人類擁有好奇心以及探求心。也因此，獲得了動力的人類，在「想要過更富裕的生活」、「想要建造更便利的社會」之欲望下，陸續發展各種科學技術，建立起現在的物質文明社會。

這麼便利又富足的社會，僅在短短不到三百年的時間便打造出來。即便到了今天，人類仍在想要更便利、過得更好生活的欲望之下，每天拚命開發更新的技術。

也就是說，人類在擁有的欲望驅使下，拚命使用腦袋思考，才能夠建立今天豐饒的物質文明社會。

現在的經濟體系是建立在「大量生產」、「大量消費」、「大量廢棄」的前提之上。為了發展經濟，必須製造大量的物品、使用大量的物品，並且丟棄大量的物品。照常理思考，這麼浪費的事情絕對不應該發生，但對於現今的經濟學來說，這種循環已經成了經濟發展的根本源頭。

我曾經在早稻田大學吉村作治教授的帶領下，與哲學家梅原猛夫婦一同造訪過埃及。

吉村教授大力推薦我一定要親眼目睹一次埃及文明，因此我與妻子首次前往埃及。旅途中，我們大約整個星期，都由身為專家的吉村教授陪伴、隨行介紹，可說是受益良多。

據說，埃及文明大約自五千年前開始發展，歷經三千年的沒落，到現在只留下了金字塔。正如各位所知，包含底格里斯河、幼發拉底河兩河流域為中心發展起來的美索不達米亞文明在內，古代曾經有許多繁榮的文明。

可是，能夠持續千年的文明十分稀少，絕大部分都在數百年內便已沒落。

這些文明之中，有些留下了偉大的遺蹟，也有些文明不僅沒有留下遺蹟，甚至因沙漠化而失去蹤跡。

其中，底格里斯河、幼發拉底河的兩河流域，以前曾為蓊鬱的森林所覆蓋，是一個豐饒的穀倉地帶，但現在已經成了寸草不生的沙漠地區。人類征服並且隨心所欲利用自然的結果，造成環境沙漠化，原本繁榮的文明也因此毀滅。

近代的物質文明也有可能滅亡

觀察人類過去建立起的文明蹤跡就會發現，文明並非一種能夠長久持續的東西。既然如此，數百年前以工業革命為契機所發展起來的近代物質文明，一樣有可能在不久後的未來滅亡。

日本也一樣，自從明治開國以來，僅過了大約一百五十年。二〇〇八年的歷史大河劇《篤姬》（譯註：以日本江戶幕府時代末期為舞台的歷史電視劇）中，當時的人們想要從薩摩（鹿兒島）前往江戶（東京），只能仰賴步行。一國之主乘著轎子前往江戶的模樣，是發生在僅一百五十年前的事實。而今，日本已經成了如此便利的社會，但這樣的社會又能持續多久呢？

人類放縱欲望的結果，使得世上只有人類繁榮，且只有人類得以享受美好的生活。建立與其他動植物完全隔絕的另一個世界，欺壓其他動植物，並且利用可運用的一切傷害大自然，為的只是讓我們人類過上更好的生活。

這便是現在地球的環境問題。若再這樣持續下去，環境將被破壞殆盡，地球想必將陷於永劫不復的狀況。

距今大約兩百年前的江戶時代，全球總共只有大約十億人口。今天，地球人口已經膨脹至七十億。一般認為，到了本世紀末——不，恐怕不必等到本世紀末——全球的人口將會達到一百億。

倘若這一百億人都想要過得更奢華、更安逸，那麼將需要比現在更多的能源。當然，食物也是一樣。水資源也可能因此匱乏。

我們人類是否能夠征服並欺壓這個地球上的大自然以及各種動植物，然後只讓一百億人存活下去呢？許多的學者及專家都指出，那是不可能的。

現在的文明或許將在二〇五〇年，即大約三十多年後毀滅也說不定。

可是，驚覺「地球快要維持不下去」而敲醒警鐘的人，可說是少之又少。世界上絕大多數的人都認為，既然現在看來沒事，那麼我想要過更奢侈的生活。

過去人類建立的文明，一切都是因為人類的欲望而發展，又因為欲望發展至極限而滅亡，留下來的只有可供後世緬懷的遺蹟。

現代文明走上這般老路的前兆，便是現在金融危機現象的發生。

我對於今後人類是否能夠存活下去感到十分憂心。放縱欲望持續開發技術、發展文明，是否真能夠像現在這樣一直持續下去呢？這是一個很大的疑問，也是人類目前面臨的課題。

人類是否真的能夠存活下去

以上所言，是我本次講座的前言。這一回，我要向各位提起一個大哉問：人類是否真的能夠存活下去呢？現在，可說人類正面臨著危機。

剛才我已經講解了全球規模的人類史問題，又藉著放縱欲望發展的金融業界產生破綻而陷入危機的例子，提到不只是金融界，連人類整體都面臨了生存的危機。接下來，我想將這個道理套在每一個人身上進行思考。

想要出名、想要當有錢人，或是想要成為一個好學者，全都是欲望。我們便是以欲望作為原動力來努力。只要拚命努力，任誰都可以成功。

我在二十七歲時建立了京都陶瓷這間公司，直到今日依然身為企業經營者，但僅在六十年前，日本可說是荒蕪一片。第二次世界大戰時，日本全境因為美軍的空襲而化為一片焦土。特別是沖繩，由於與美軍進行了登陸決戰，因此遭遇到了十分悲慘的境遇。

我所住的鹿兒島市也不例外，當時甚至連一間平房都沒有留下。我還記得很清楚，當時我放眼朝伊敷與武岡的方向看去，只能看到一片大海和櫻島。地面除了幾根燒得焦黑的電線桿還立著以外，其餘全都是瓦礫。

在如此荒廢的日本國，我們從戰爭歸來的上一代開始做起了生意。創設大榮超市的中內功先生，擁有在菲律賓前線徘迴於生死之間的經驗。他回國以後在大阪開起一間小小的超級市場，而後發展成為龐大的大榮超市。從戰爭回來的人無一例外，都是赤手空拳建設自己的公司。

松下電器（現：Panasonic）也是一樣。當時的松下幸之助先生雖然已經獲得了一定程度的成功，但更在一片焦土荒野中重建松下電器。索尼（SONY）也是由井深大先生以及盛田昭夫先生兩人在荒蕪的焦土上建立的公司。可以說，現在日本的知名企業幾乎都是始於第二次世界大戰後，由我們的前輩們拚命努力才建立起來。

是否該讓欲望無所節制地持續發展

赤手空拳創立公司而變得有名的諸位前輩，與我最多只差十五歲左右。井深先生、盛田先生、中內先生等多位知名經營者，我在許多場合得以與他們談話。他們每一位都是經過無比努力才變得如此偉大，然而其中也有幾位晚年並不順遂。

方才我們已經提到人類的歷史以及金融界的歷史，對於個人來說也一樣，我們也是靠著欲望作為動力，努力獲得成功。可是，自身的欲望過度膨脹，便種下了沒落的種子。這一點無論對於人類文明的興亡，或是我們個人的成敗，都是共通的。

即便拚命努力而成功，變得了不起、有名，我們也絕對不能忘記「謙虛」而轉為傲慢。

我想要請今後將一肩挑起未來社會重責大任的年輕朋友了解，人雖然必須要使自己變得優秀，但同時也得使自己的人格變得高超。擁有高超人格的人，不僅誠實而認真，又懂得謙虛。我們必須讓自己成為一個擁有如此了不起人格的人才行。

以欲望作為原動力，確實可以讓一個人成長並且獲得成功。可是，為自己的成長與成功洋洋得意，進一步讓欲望膨脹下去的話，一個人將會沒落，更會連地球也遭到破壞。

觀察人類史，難道會覺得當今的發展可以永久持續下去嗎？有人認為，像現在這樣消耗能源，人類將不可能維持到二〇五〇年，倘若全球人口超過一百億，連糧食都不夠餵飽所有人。

民族間的紛爭也將比現在更為激化，為了想讓自己國家更為富足，或許也將發生許多紛爭。

那麼一來，核子武器又是另一個大問題。倘若核子武器持續增加下去，或許有人在戰爭中使用核彈，那麼人類可能因為核子戰爭而毀滅自己。現在這個世界，可說已經朝著該方向緩緩前進。

我們必須思考的是，包含這次的金融危機在內，讓為所欲為的欲望所促成的發展一直持續下去，究竟是不是一件好事？

壓抑欲望是人類的一大課題

佛教有一詞語叫做「知足」，這是佛祖所宣揚的一個道理，意思便是教大家放下欲望、不要利慾薰心。我認為，這個「知足」在今日，是最重要的理念。

絕不利慾薰心，感謝現在所擁有的事物；愛護地球上的所有生物，重視所能看到的一切，並且共生下去。想要做到這樣，我們只要知道一個道理就已足夠，那就是「知足」。人類若只是持續放縱欲望下去，雖然短暫時間內，可能因為欲望成為原動力而獲得發展，但在之後必然會面臨沒落。這對於個人、國家、人類來說，都是不變的道理。

「抑制欲望」對於人類來說是一個大課題。話雖如此，不僅大學內很少教導這個命題相關的道理，甚至很少人將之視為一個課題。

釋迦牟尼佛在距今兩千五百年前，於印度創始佛教；大約同一時期，中國出現了孔子。過了好幾個時代後，西方則有耶穌基督、穆罕默德在訴說人類應行的道理。這四位聖人認為世界若就此放縱下去將會滅亡，因此教誨人類應該走的方向，可惜到了今天，人類依然沒能夠遵循他們的教誨去做。

佛祖認為人類若遵循欲望而活將會毀滅自己，因此警告人類，我們必須捨棄欲望才能夠悟道。佛祖告誡世人，應該透過進行近似於瑜伽的修行以及冥想，來達到開悟，並藉由悟道，逃離被欲望所束縛的狀態而獲得「解脫」。不幸的是，兩千五百年後的今天，「抑制欲望」這個課題依然沒有人能夠解決。透過瑜伽或冥想，雖然有部分人士因此開悟，但是面對全球約七十億的人口，獲得解脫的數十人想要改變世界潮流，只是杯水車薪、螳臂擋車。

同時存在的利己之心與利他之心

人類之所以無法自欲望逃離，其原因就在於我們人類的心中。因為欲望永遠扎根於人類的內心。

佛祖將這種內心的欲望稱為「煩惱」，我們或許也可以稱之為「本能」，因為這就是「只要自己好就夠」的利己之心。

除此之外，還有另一種博愛又充滿關懷之情的利他之心，也藏在我們心中。一個人的心中，利己與利他之心同時存在。

京都大學在類人猿研究上是世界知名的大學。我曾經有機會與目前正在非洲剛果研究黑猩猩的京都大學教授促膝長談，教授告訴了我令人大吃一驚的知識。

據教授說，在所有生物中，黑猩猩是最接近人類的動物，但在牠們的社會中，沒有將食物分給朋友的習性。母親會將食物和母乳給與自己的小孩；然而一旦成年，即便對方是同伴、兄弟或親子，黑猩猩都不會互相分享食物。而且，這似乎不限於黑猩猩，而是所有動物共通的本能。

而人類會一家一起進食。此外，如果遇到什麼好事，會連親戚一起找來用餐。如果有好東西就分享給他人的這顆心，即便是最接近人類的黑猩猩也不擁有。

也就是說，只有人類擁有這般關懷、憐愛的心。光是從用餐一個場面來看也能知道，大自然著實賜給了人類一顆美好的內心。

動物只會依憑煩惱而活，不僅不會將自己的食物分給其他同伴吃，在進食時倘若有其他同伴接近還會生氣。這對於狗、貓也不例外。倘若分給其他同伴吃，自己就不能夠生存下去。為了保護擁有肉體的自己、為了存活下去，大自然賜給生物的便是煩惱。

另一方面，大自然也同時只賜給人類一顆利他之心，給予了人類懂得關懷、憐愛的感情。利己與利他這兩種心，就像這樣同時存在於我們心中。

讓我們順從內心

大家一定要針對事物進行思考再付諸實行。抱持著想法與考量並將之實行，其累積下來的東西便會構成未來的人生。

比方說，稻盛和夫這個男子自從生下來以後到今日，即將度過八十年（編按：二〇〇八年當時）。這段期間內，他只做過他自己所想的事情，完全沒有做過任何一件他不認同的事情。

也因此，我們可以說，「現在身處的環境與狀態，全都是反映自你的內心如何思考。」就是因為做了心中所想的事情才會有現在，當前我們不管面對什麼樣的狀況都怨不了別人。所有的一切，都是照著自己心中所想而發生的。

將心想的事情付諸實行，不斷累積下來的成果便是今天。人類一想到就會去實行，其結果造就了現在的樣貌。

科學技術的發展也一樣，都是以欲望為根本，從「想要更便利的東西」之想法開始萌芽。有些人心想，不知人是否可以飛行，於是開始絞盡腦汁、運用智慧，並且承先啟後、不斷研究下去，最後便發明出飛機這種東西。「想要在天上飛」這個想法是動機，其動機的根本則是「想過得更便利」這種欲望。人類就是這樣，先後打造出了今日所有的一切。

不考慮得失，而是以善惡作為判斷基準

各位心中現在描繪著什麼樣的想法呢？倘若置之不理，我們的想法就會全部從扎根於欲望的部分開始湧現。這些想法只會計較究竟對自己而言是「得」還是「失」，是否有利可圖，或者是對我無益。

無論是了不起的大學教授或者是其他職業，人只要一去掉掩飾，對於各種事物都只會以對自己的得失來進行判斷。正因為「想法」都是基於欲望而生，我們面對事情也會自然算計利益得失。

如果我們基於欲望去努力，雖然一時可能獲得成功，但是走到最後一定會邁向沒落。

我們必須以內心的利他之心來加以思考。在進行判斷時，不應該考慮得失，而是要以善惡作為一件事的判斷基準。

比方說，以善惡來進行判斷，就要思考這件事對於眾人來說，究竟是一件好事或是壞事？

方才我們已經提到，一個人的內心之中，擁有利他之心以及利己之心這兩種心。利他之心就是善，利己之心則是惡。重要在於，不要去想自己會受益還是吃虧，而要以對於人類來說是一件好事或壞事的角度來思考。

我們無法要求每一個人都能開悟或是獲得解脫，不過至少該儘量壓抑邪惡的想法、「只要自己好就夠」的那一顆利己之心。倘若不這麼做，世上所有人都將只以得失損益來判斷一切事物。也因此，我們必須隨時壓抑利己思考的自己。

倘若萌生利己之心，就要發揮良心逐一消滅

歷史上出現聖人們給予人類的教誨，便是透過冥想等修行來開悟，並且因此獲得解脫。然而，這並非一件易事。

活在現代的我們與聖人們的時代不同，無法不進食而能一直冥想下去。無論情願不情願，我們都必須工作，所以也沒有時間修行。那麼要壓抑利己之心，讓利他之心經常占據心中大半部分，又該如何才能實現呢？

過去，佛祖鑽研源自印度的瑜伽。現今，美國也十分流行瑜伽。雖然有許多人為了追求靈性而進行探究，不過我實在很難找到時間去

做這些事情。

在這種情況下，我們想要去除「只覺得自己好就夠」的邪惡之心，只要心中隨時掛念佛祖所教導的「知足」就可以了。

我們要告訴自己「一件事情不必做到貪得無厭的程度，只要適可而止就夠了」，當爭先恐後、生怕吃虧的利己之心開始冒出來時，像是玩打地鼠機一樣逐一驅趕消滅。發動自己的良心，當利己的想法一浮現出來馬上加以否定。

我們心中都住著邪惡的利己之心以及良善的利他之心。倘若其中一方變少，例如利己之心的比例變小，也就代表了利他之心占據的比例變大。

一個人內心的容量有限。究竟是利己之心占得多，還是利他之心占得多？只要我們拚命壓抑利己之心，應該就能做出好的判斷。

必須了解堅持關懷之心的重要

當我們壓抑自己那一顆利己之心，使得充滿關懷體貼的利他之心占據心中大部分位置時，周圍的人就會開始說「這個人的人品變好了」，或者是「這個人是一個人格高超的人」。

一般所謂的修養人格、塑造人品，指的便是使得利他之心在該人心中占據的比例變大的狀態。

即便是聖人君子，也沒有任何一人完全沒有欲望。因為這本來就是大自然賜給我們，好讓生物存活下去的必要本能。

我們沒有必要成為聖人君子，但是盡可能努力讓心中充斥關懷體貼的利他之心，依然十分重要。倘若大部分人類都沒有注意到這一點，恐怕現代文明連未來五十年都無法撐過去。

我在稻盛財團內成立了研究團隊，他們每天都在思考如何儘早為人類敲醒警鐘。由於擔憂地球將永劫不復的危機感，包含考古學家、天文學家在內，來自日本各地、各界的專家都齊聚在一起研究。

過去，羅馬俱樂部（譯註：由全球各界專家組成，探討全球性問題的組織，於一九六八年成立於瑞士）曾經為人類敲醒警鐘。羅馬俱樂部到了今日依然十分活躍於研究全球規模的課題，我也覺得日本應該要有類似研究，並且儘早為國人敲醒警鐘，因而成立了該讀書會。

※本章節自二〇〇八年十月二十九日舉辦的鹿兒島大學工學部稻盛學生獎頒獎典禮上，特別授課的內容重新改寫而成。

為一肩挑起未來的年輕學子指引迷津②

二〇〇八年十月二十九日鹿兒島大學工學部稻盛學生獎頒獎典禮上，進行特別授課時，安排了問答時間提供學生發問。

〔問〕為了家人與公司不得不賺錢，如何才能「知足」

本次您主要針對欲望為我們演講，其中您提到這次金融危機的根本原因來自於受欲望所控制。不過，我想這些欲望之中，也有人的理由是基於「想要為了家人多賺錢」、「想要為了公司賺更多錢」等。

此外，以低利息借錢的人之中，一定也有人是為了想要守護自己的家人，才會想要擁有自己的房子。

像這類「為了守護家人或公司」的想法，我想應該也算是「利他」的一種，我想請問為了達到這個目標想賺更多錢時，要怎麼樣才能判斷自己應該要「知足」了呢？

〔答〕一個人的欲望是否過剩，只要看結果出來後就知道

這位同學的問題可說是一針見血。

確實，所謂的「知足」因人而異，甚至相差十萬八千里。

如同你所說的，金融界一定也有人是為了「守護家人」、「守護公司」而驅動欲望。這當然是接近利他的行為。所謂的利己，如果將其他人也一併包含進去，那麼便會轉變成為利他。

也就是說，如果我們是為了國家、為了社會，即便這是一個利己的行為，實際上也等於是利他的行為。

那麼，像這種從善意之利己出發的狀況下，要在什麼時候才「知足」呢？方才舉例提到金融危機的發生，就是因為讓無止境的欲望持續膨脹下去所造成。他們憑空製造出稱為「衍生性金融商品（Derivatives）」的可怕商品，宣稱這是十分安全的投資，然後將之賣到全球，其金額高達數百兆日圓。這就是問題所在。

究竟多少才叫做過多、擁有多少就該「知足」這個問題，因人而異，這只能從結果來看，才能知道現在發生的狀況是否過多。

正如你所說，「知足」是一種非常主觀的概念，有些人或許只是經營一間小餐廳，然後因為餐廳成功而能夠使一家溫飽，便已感到十分滿足。

更進一步，賺更多的錢對他來說也只是身外之物，因此他便感到知足，在自身有餘力時擔任志工，或是將賺到的錢捐出去，以用來貢獻社會。

其中，也可能有人會說「不，光開一間餐廳還不夠，我想要試著開三間左右的店面」；達到三間店面之後，有人會覺得「已經開三間店，這樣就該知足了」，也有人會認為「不，那我乾脆開個一百間店面的連鎖店，讓生意規模變得更大」。所謂的「知足」，就是如此主觀的東西。

因此，所謂的「知足」、自己的欲望究竟是否過多，其實端視結果出來以後或是遭遇挫折後才會知道。

到事後才想「早知道在那個時候知足就好了」，也已經無濟於事。所以，與其事後才後悔，不如在感覺「或許還沒到極限」的程度時，便知足收手會比較好。

〔問〕可能將連長相都沒見過的人的幸福，當作自己的幸福嗎

現在是一個物質文明豐富，就算不去思考為何而活，也能夠糊里糊塗活下去的時代。但是，當我們思考應該為何而活再去行動，就會知道我們應該為了人類的發展與永續經營而活。

也就是說，我們的良心應該用在思考如何讓人類永續經營下去。然而或許是自己的利己之心作祟也說不定，有時我仍會不禁心想，我們真的必須為了長相和模樣都沒看過的未來人，或者是遠在十萬八千里外的陌生人的幸福一併著想嗎？

面對這種情況，我想要請教稻盛先生的看法，如何將未來人或是從沒見過的陌生人之幸福，與活在當下的自己的幸福放在一起思考的關鍵，以及如何在利己與利他之間架起一座橋梁的方法。

〔答〕透過利他所感受到的幸福感是舒暢、美好而偉大的

這是一個很好的問題，也是一個很難解答的問題。

關於為何要替從沒見過面的人們一併思考他們的幸福這個疑問，很難說明，不過對於幸福的感受方式大致說來有兩種。

第一種，比方說收到非常美味的食物而吃下肚時，我們會因為好吃而大為感動，這便是滿足欲望時所得到的感動。

另一種，則是利他之心啟動時得到的感動。這當下很難說明，比方說我們搭乘交通工具時，如果面前有行動不便者、年紀較大的長者，我們便會趕快站起來說「請坐」，並將位子讓給他們。這時那老人就會十分高興並感謝我們說「謝謝你」，然後坐了下來。這種狀況下我們感受到的難以言喻的愉快心情，與我們吃到美食的感動在性質上並不相同，可說是一種舒暢而難以形容的喜悅。

也就是說，因為利他而感受到的幸福感與利己而感受到的幸福感，在滋味上也不盡相同。倘若我們養成習慣感受來自利他的幸福感，那麼我們將會保有舒暢、美好而開闊的心情，其滿足感遠超過單純滿足欲望時的幸福感。這麼一來，我認為我們就會自然湧現想從事利他行為的心情，不知你同不同意呢？

第3章

拓展自身前途的六項精進之道

如何獲得充實美好的人生

接下來，我要向大家介紹我一直相信的「六項精進之道」。雖然內容可能非常枯燥，但是遵從這些老掉牙的話行事，才是催生美好人生的源頭。

只是成天想要快樂過日子，人生並不會因此過得順遂，因此我才想告訴大家這些現在已經沒人在教的老掉牙道理。

如果想要開發出比別人好的技術、研究，或者想要充實度過人生的話，我認為像這種單純、直率的生活方式將是最好的選擇。

1 付出不亞於任何人的努力
2 謙虛不驕傲
3 每日反省吾身
4 為活著心存感謝
5 累積善行、利他行為
6 不要過度敏感、鑽牛角尖

接下來將詳細說明這「六項精進之道」。我把這些文字全都燒在陶杯上。這麼一來，當我每天早、中、晚喝茶的時候，就可以選擇其中一條思考，學習並修養自己。

如果各位年輕朋友也想要實踐的話，可以將這「六項精進之道」

全都整理並貼在自己的筆記本封面。倘若可以隨時看到並留意、實踐這些教誨，想必就能夠獲得一個充實而美好的人生。

1 付出不亞於任何人的努力

這「六項精進之道」之中，第一個道理便是「付出不亞於任何人的努力」。

從事工作或者是進行研究時，最重要的事情便是「付出不亞於任何人的努力」。換個說法，我認為每天拚命付出，便是在工作或者研究上最不可或缺的一種態度。

不只如此，為了過一個幸福人生、美好人生，每天認真面對工作也是一件非常重要的事情。

我認為，除非拚命工作，否則我們不可能獲得工作上的成功甚至人生上的成功。如果厭惡拚命工作，總是想著盡可能過得輕鬆一點，不要說在事業上成功，想要度過美好的人生更是痴人說夢。

說得極端點，只要拚命工作，事業就會順利；不管經濟不景氣或是時代如何變化，只要認真工作，一定能夠跨越這些苦難。

一般都說工作上最重要的是要擁有戰略、戰術，不過我認為除了拚命工作以外，沒有其他走向成功之路。

在我還是學生時，那是一個非常貧窮的時代，而我的家人也都十分貧困，因此不得不拚命工作。到了現在，觀看各位的生活環境，就算不拚上性命工作也能夠溫飽，更能擁有一定程度的享受。也因為如此，拚命工作這件事在這個時代，已經逐漸變成了某種不受人重視的價值觀。

一般說來，畢業以後出社會、進入新公司就職時，如果遇到的不是自己想要的工作種類，或是被迫從事不想做的研究時，大部分的人都會因此心生不滿而口出怨言。

然而，真的能夠從事理想的研究、進行自己想做的技術開發、就職於中意的公司、做自己喜歡的工作，這樣的人在世上可說非常稀少。也就是說，世界上得到傲人成就的人，大多都是遇上自己不喜歡的工作，然後努力去喜歡該工作的人。為了要能夠拚命工作，首先應該做的就是努力讓自己喜歡目前被賦予的工作或研究。

從旁人看來，或許會覺得為何這個人每天都能夠對那種工作、那種一點也不有趣的研究拚命投入，感到十分不解。

可是，如果本人覺得喜歡，那麼就會感覺有趣無比，因此無論旁人如何看待都無關緊要。

也因此，我認為一項工作的首要之務便是喜歡工作。所謂的喜歡工作，便是我們要告訴自己，要讓自己迷上這份工作。

我小的時候，許多大人曾告訴我，「愛上一個人，千里路走來彷彿一里路。」也就是說，如果是要去見喜歡的人，那麼即便踏破千里之路，也有如只走一里路般甘之如飴。

我再重複一遍，我認為除了拚命工作以外，沒有其他走向成功人生之路。所謂的人生，只要做得好、做得努力，那麼神明一定會對你的努力有所回報。無論是開發技術、研究技術或者是經營公司，我們努力多少，成功也會按照努力的程度回到我們身上。或許有人不相信，但是請各位朋友務必試著投入工作拚命努力。

2 謙虛不驕傲

第二個道理是「謙虛不驕傲」。我認為保持謙虛，幾乎可說是形成一個人的人格之中最為重要的特質。

經過拚上性命努力之後的結果，靈魂受到磨練而使得人格提升，那麼自然就會獲得謙虛的人格。

謙虛這種特質，真的非常重要。

對我們技術人員更是如此。各位今後也會在研究開發、技術開發的領域工作，當我們拚上性命努力而獲得成功後，身邊就一定會出現許多吹捧阿諛的聲音。今天有些人獲得表揚，但可能很快地因為成功而變得驕傲不已，在不知不覺間開始認為自己很了不起。

也因此，我們見到許多成功而獲得地位的人往往一點也不謙虛，絕大多數都是驕傲無比。

傲慢的結果，我們經常可以看到這樣的人在工作面與事業面上逐漸沒落。光看日本二戰後的經濟領域，就可以看到有無數人在年輕時拚上性命、一心只埋頭工作努力而建立起了不起的大公司，卻因為晚年地位過高而受到周圍的人阿諛諂媚、攀權附貴，或者是因為存下大筆資產又獲得名譽而變得傲慢，因此逐漸沒落下去。

重要的是，我們應該在成功之前就保持謙虛。擁有了不起人格、內斂人格的人，正是因為他們擁有一顆謙虛之心。中國的經典《了凡四訓》中曾提到「滿招損，謙受益」，意思便是「如果不當個謙虛的人，就無法享受自然、神明所賜予的福分」。

這句話講得一點也不錯，我也將這件事特別放在心上，嚴厲訓斥己身要隨時心保謙虛，絕對不能變成一個驕傲無比的人。謙虛的行為舉止、謙虛的態度，便是我們活在世界上不可或缺的重要特質。

懇請各位，無論成功與否，務必要培養出讓他人一看到便忍不住心想「這個人的人格、人品真是高潔」，如此謙虛而令人尊敬的人格。

3　每日反省吾身

第三個道理，便是「每日反省吾身」。

我認為，在每天工作結束、就寢以前，回顧自己這一整天的所作所為並加以反省，是非常重要的。

比方說，我們今天是否有讓人感到不愉快過呢？是否有擺出不親切的態度呢？是否有傲慢之舉呢？是否有做出卑鄙行為呢？是否有只想到利己、「只要自己好就夠」的言行舉止呢？我認為，作為人類就必須要進行反省，每天都如例行作業，回顧自己身為人是否正確行事。

倘若自己的行動與發言有任何一點需要反省的地方，我們就必須將之改正，而透過每天反省己身，我們也能夠因此精煉自己的人格以及靈魂。

同時，我也覺得想要過一個美好的人生，每天反省自己就是一個必要條件。

剛才我已經陳述多遍，只要拚上性命「付出不亞於任何人的努力」，然後同時不斷重複著「日省吾身」，我相信，我們的靈魂就會受到淨化而變得純潔，成為美麗的靈魂，進一步昇華為良善的靈魂。

我在年輕時，也曾經有過傲慢的時候。也因此，每天我更是要如例行公事般不斷反省己身。當然，起先我並不是真的能夠每天都好好反省自己，但長久下來我注意到，我已經不知不覺間養成了反省自己的習慣。

我在上了年紀後，與一本書邂逅。那就是活躍於二十世紀初的英國哲學家詹姆士·艾倫所寫的《原因與結果的法則》。我讀了此書後，便懂了「所謂的反省，就像是耕耘自己心中的庭園並且加以整理」。

人類的心中，同時居住著一顆善良美麗的心，以及另一顆卑微、「只要自己好就夠」的邪惡之心。

關於詹姆士·艾倫說過的話，我也在其他部分提到過。在這裡，我想要介紹不同的段落給大家知道：

我們能夠因為選擇並保持正確的思維，
讓自己昇華成為志氣高昂、品德崇高的人類。
同時也可以選擇並保持錯誤的思維，

讓自己墮落成猶如野獸的人類。

心中種下思想的種子（或是允許思想種子落下扎根），

就會生出跟自己同種類的植物。

不論早晚，這些植物都會開花，

最後結出所謂環境的果實。

好的思維會結出好的果實，壞的思維就會結出不好的果實。

也就是說，整理自己內心，在心中持續培養正確、美麗而偉大的想法，我們就能夠提升自我，成為高潔、崇高而了不起的人。但是，如果我們持續選擇錯誤的想法，也會因此墮落成為有如野獸般的人類。

世界上有許多令人難以想像是人類作為的凶惡犯罪，也有父母殺孩子、孩子殺父母等很多可怕的事情發生。

同樣都是人類，卻有些人會做出這些事情，就是因為如詹姆士・艾倫所說，沒有培養自己志氣高昂、品德崇高的心，而是在心中養成邪惡而錯誤的想法，才會變成一個狼心狗肺的人。

也因此，詹姆士・艾倫才會認為，我們必須要將自己內心庭園的雜草拔除，種下自己所冀望的美麗草木種子，細心灌溉並施加肥料，好好加以管理。

艾倫的說法，正等同於「日省吾身」，透過反省進而整理自己的內心。除去邪惡之心，培育美麗良善想法的心，將會將我們導向幸福的人生，創造出美好的人生。

我們自己的邪心、惡心，一般稱為「本我」。方才已經提到多次，壓抑本我，使自己所擁有的良善之心在心中萌芽的作業便是反省，而所謂的良善之心便稱為「真我」。

所謂的真我，是處在內心最深處的東西，而那便是會讓我們「與人為善」的「利他之心」。

每一個人在內心最深處都藏著真我。如果將真我從內心深處拿出，就可看到其中充滿偉大的利他之心、慈悲之心。一顆擁有溫柔體貼的心，就是真我的本質。

不過，雖然每個人都擁有真我，但是它卻藏在內心深處，表面上則覆蓋著邪惡之心、就算把人踢落或欺騙他人也要讓自己得利，也就是本我的利己之心。

詹姆士·艾倫就是告訴我們，人類有兩種不同的內心，為了要使真我萌芽，必須要去除另一個利己的本我才行。

4　為活著心存感謝

第四個道理是「為活著心存感謝」。所謂的感謝，我認為在人生之中是非常重要的一件事。

任何一個人都無法單靠自己活下來。無論是空氣、水、食物，或是家人、職場同僚與下屬，甚至是我們居住的整個社會，每一個人都是因為自己周遭的各種人事物支持著自己，才能夠生活於世上。不，與其說是「活於世上」，不如說是「世界讓我們活下來」更為精確也說不定。

如此想來，當我們健康活在世上時，就必須自然湧現一股感謝之心才行。

只要心生感謝之情，我們就能夠對人生感到幸福。我們活在世上，而世界也讓我們活下來。我深信，如果我們能夠為此感到感謝與幸福，這樣的心態將讓人生變得更為豐腴、圓潤而美好。

我們不要懷抱著不滿與怨言活下去，而要對現狀所有的一切感到感謝，並且拚命努力，為了往上爬而奮勇向前。

為此，我們首先要為活在世上而感謝神明，並且每天向自己周遭的所有一切表達感謝之意才行。

話說回來，雖說要抱有感謝之心，但感謝之心並不是那麼簡單就能夠獲得。老實說，我年輕的時候也對這種想法感到反感，甚至大力抵抗。

可是，我告訴自己「就算不是真心如此想也行，總之試著用言語實際表達出感謝之意」，然後一路實踐到今天。當我們反覆用嘴巴說出「感謝」、「謝謝你」，這就會自然成為習慣。

也就是說，當我們嘴巴說出感謝之意時，我們自己也會聽到，然後真的湧現感謝的心情，同時也會讓周遭的人擁有好心情，因而營造一股融洽而快樂的氣氛。

反過來說，鬱鬱寡歡而滿是積怨的尖銳氣氛，不僅是為自己，也為周遭的人帶來不幸。

「謝謝你」這句話，可以為周圍營造一股美好的氣氛。

我想大家都有類似的經驗。比方說當我們在乘坐交通工具時，如果讓位給年長者，該年長者就會彎著腰對我們說，「謝謝你的好心。」這時，不僅是讓位的我們會湧現一種舒服的心情，看到這副景象的周圍乘客也一樣會沉浸在舒適的氣氛之中。

善意不僅會傳達給周遭的人，同時還會循環。如果善行像這樣持續下去，我認為整個社會將會變得比現在更為美好。

即便只是單純活在世上，也要為之感到感謝而說聲「謝謝你」。除了這句話以外，日本還有另一句話叫做「不敢當（もったいのうございます）」。

這是基於謙讓的美德而放低身段，經常用來表示自己這種人不配獲得如此幸運的好事，或是不配接受如此待遇。這也是一句與「謝謝你」同樣用在對他人表達感謝的話。

此外，最近已經很少人在使用，但過去還有另一句話叫做「不勝感謝（かたじけない）」。過去武士階級的人經常會說「不勝惶恐（かたじけのうございます）」，而這一句也與「不勝感謝」、「謝謝你」同樣是對他人表達感謝時候的話語。

像這樣，無論對於多小的事情都抱持著感謝之心，是我們必須優先於任何事情的心態。

「謝謝你」、「不敢當」、「不勝感謝」這些話擁有很強大的力量。這些話在將自己的心情引導至更美好境界的同時，也能夠讓聽到的人以及周圍的人都湧現好心情，可說是一種萬靈藥。心存感謝，便是擁有很大的力量、能為自己與眾人帶來非常幸福的人生源頭。

因此，我希望各位朋友都能養成每天將「謝謝你」這句話掛在嘴邊的習慣。

5 累積善行、利他行為

第五個道理是「累積善行、利他行為」。

方才已經說過，我們要做對於人類是良善的行為。這就是利他，也可說是累積利他行為的功德。

中國的《易經》曾經提到「積善之家，必有餘慶」，也就是說累積善行的人家，必然會遇上許多值得慶祝的事。這是指累積善行、利他行為的人家，必然會得到許多良善的回報。

因為中國人相信，一戶人家若祖先累積善行、利他行為，其子子孫孫必然會接受許多福報。

從很久以前開始，我就相信這個世界上真的有因果報應的法則，同時也對人大力闡揚這一個概念。

年輕時，我曾經讀過知名東洋思想家、陽明學研究者安岡正篤所寫的《命運與立命》一書，並且因此深受感銘。

書中寫道，這個世界上存在著因果報應的法則。

安岡正篤認為，只要作為一個人累積善行，他的人生就一定會有好的回報。

像這樣累積利他行為，也就是以親切關懷的慈悲之心去善待他人，便是人生之中不可或缺的重要大事。

此外，安岡正篤又在《命運與立命》書中，提到以下主張：

人有所謂的命運。

人雖然遵從命運而生，
但在活著的過程中，會心想許多事情，並且進行許多事情。
要心想好事去進行好事，
或是心想壞事去進行壞事，
依照心想與進行的事情不同，命運也會隨之改變。
所以說，命運並不是一種不可扭轉的東西。

我們雖然遵循著命運活在世上，但人生在世，其實還有另一個因果報應的法則。倘若我們心想好事、進行好事，命運便會朝著好的方向前進；倘若我們心想壞事、進行壞事，命運便會朝著壞的方向前進。這就是安岡正篤在《命運與立命》之中闡揚的道理。

我認為，去做好事，也就是對他人親切、為別人著想，這是一件非常重要的事情。只不過關於好事，我認為必須加以說明一下。

日本從以前就有「人情不為他人好（譯註：好心有好報）」的俗諺。這句話的意思是，為了他人所做的善事，必然會回報到當事人身上。也因此，我們雖然要抱持人情去做善事，但那不是為了他人，而是為了自己。

可是，我們也可以看到許多相反的例子，也就是因為對他人親切，反而使得自己遭受到不好的下場、損害。

比方說，周遭有朋友處於非常艱難的狀況，前來拜託自己當借款的連帶保證人，而我們因為以為這算是與人為善，而擔任其連帶保證人，結果遭遇到重大變故，喪失了自己所有的財產。

當考慮到這一點，我們就必須說，同樣是與人為善，其實可以細分成兩種。一種是小善，另一種則是大善。

所謂的小善，便是當朋友陷入困難而想借錢，因而拜託我們擔任連帶保證人時，我們答應擔任連帶保證人這一類的事情。

該位朋友要求我們擔任連帶保證人，當我們詳細詢問為何他需要借那麼多錢時，發現其實該朋友經營公司十分散漫，加上不認真的生活態度，才導致了今天這種事態。在這種情況下，擔任連帶保證人反而只是將他導向更壞的方向，因此遇到這種狀況，就應該毅然對他說，「不，你現在雖然處於很艱難的狀況，但就算我今天當了你的連帶保證人，對你來說也不是一件好事。」然後堅決拒絕做保。或許我們會被認為很無情，但這才是真正的大善。同樣是善事，所謂的大善就是如此看似「無情」的東西。

一口便答應擔任對方的連帶保證人，只能稱作是小善。這不僅會寵壞對方，同時也會讓自己因此而傾家蕩產。

累積善行、利他行為，對他人親切並付出時，必須分成小善與大善來思考。一路以來我便是貫徹如此想法，並且實踐至今。

比方說，因為太過憐愛自己的孩子，因此將父母的親愛之情過度投注在孩子身上，並且一路有求必應。這樣的養育方法，只會讓孩子在成人以後沒有辦法社會化，其人生也將過得艱難無比。

因為疼愛孩子而溺愛他們，原本以為是對孩子累積良好的善行，其實只不過是一種小善。

如果因為施加小善而使得孩子沒辦法成長為頂天立地的大人，那麼其結果可說是造就了大惡。這就是為何俗諺會說，「小善如大惡。」

我們面對自己的孩子，不應該只是有求必應而寵壞他們，而是必須嚴格施以教育。俗話也說，「愈疼愛孩子愈該讓他出外磨練。」（譯註：意指要讓孩子有成就，必須先讓他嘗過吃苦耐勞的經驗。）

愈是疼愛的孩子，就要讓他出外旅行而吃苦耐勞，才能夠教導孩子人生有多麼嚴苛。或許，我們身旁的人會說，「竟然讓那麼小的孩子一人出門在外旅行，真是狠心的父母、可憐的孩子。」

我們可以見到許多例子，刻意讓孩子過得辛苦，這樣的孩子在長大以後會成為一個很了不起的人。也可以說，我們在撫養那孩子成為一個了不起的人時，做出了大善行為。

正如俗諺所說「大善似無情」，大善雖然在短期看來像是無情，然而要養育出一個了不起的人，我們就不可避免會被當作一個無情的人。相反的，如果一切有求必應而寵壞他們，那麼這種小善，以長期來看，反倒可說是大惡了。這就是我的看法。

6 不要過度敏感、鑽牛角尖

最後一個道理，是「不要過度敏感、鑽牛角尖」。

身為人，嘗到失敗的滋味可說是家常便飯。經過反省而失敗的結果，有時反而因此煩惱到鑽牛角尖。我認為，這種鑽牛角尖的煩惱以及過度敏感，都是不必要的。

人只要活在世上，憂慮或失敗等讓我們煩心的事情，一定是多如牛毛。

然而，就如同水一灑出去就無法再收回一樣，面對已經發生的失敗，無論我們怎麼悔恨或煩惱，都已經無濟於事，甚至毫無意義。

一直煩惱到鑽牛角尖，只會引發心病，甚至導致身體上的病痛，為自己的人生帶來不幸。

面對已經發生的事情，我們不要一味感到煩惱，而要重新反省。重要的事，便是將新的決心放在心中，然後立即開始進行新的行動。

失敗的時候，我們當然得反省，思考為何自己會失敗。在心中下定決心不再犯同樣的錯誤固然重要，但倘若一直對著同一件事懊悔，對於人生來說絕對不是一件好事。

倘若工作上失敗，就會十分操心。可是無論如何操心，失敗的工作仍然是覆水難收。即便如此，就算知道無論怎麼煩惱或懊悔都無濟於事，還是會不禁心生「早知道我就那樣做了」等各種懊悔。也因此，我所說的「不要過度敏感」，便是指不要做出這種沒有意義、只是徒增心勞的舉動。已經發生的事情就宛若覆水難收。徹底放下，然後投入下一個新工作，才是更要緊的事。

比方說，假設我們被捲入醜聞當中，在法律層面以及道德層面上都遭到追究；不僅當事人受害，甚至帶給家人、周遭的人莫大的麻煩。即便我們嘗到如此可怕的大失敗，也只要徹底反省為何會造成這種狀況，然後下定決心今後一定不做這種事情，並改頭換面徹底努力，那便足夠了。

我們經常可以看到有人因為不名譽的醜聞纏身，煩惱到身心都殘破不堪，最後甚至因此而自殺。所以我認為，一直鑽牛角尖、為了失敗煩惱，造成自己的內心變得陰沉，實在是一件很不必要的事情。

之所以會引發這種不好的事，就是因為過去犯下的錯，也就是自己所造成的業障。

這個業障現在已經成為結果，形成外界的非難而反撲到自己身上。我們當然必須徹底反省，然後下定決心不要讓同樣的壞事發生，但是沒必要一直鑽牛角尖地煩惱。

重要的是，若我們因為遭受打擊而身心俱疲，要反過來激勵自己，使得我們能夠重新站起來迎接挑戰。這些道理請各位年輕朋友深深記在心中，然後活用在今後的人生之中。

※本章節自二〇〇九年十月十五日舉辦的鹿兒島大學工學部稻盛學生獎頒獎典禮上，特別授課的內容重新改寫而成。

第4章

工作必須要有哲學

一個人的思考方式決定人生

本章的主題是「為何工作與經營需要哲學」。

雖然這個主題看來冠冕堂皇，不過這裡指的「哲學」絕不是什麼艱澀難懂的東西，也可以替換成「思考方式」這個字眼。也就是說，大家只要思考「為何工作與經營上需要有正確的思考方式」就行了。

現在我要講的內容，不只是對於工作和經營上重要的事情，對於人生來說更是不可或缺的道理。

哲學，也就是一個人抱持何種思考方式，將會決定他的人生。哲學對於一個人來說，便是如此重要的存在。

然而，這個道理不僅很少被人提到，也沒有人會教導我們。

我活到這把年紀，每天都覺得所謂的人生，就是決定於一個人有什麼樣的思考方式。可惜的是，幾乎沒有人注意到思考方式究竟有多麼重要。

「要抱持什麼樣的思考方式是我的自由，我才不想被你指指點點呢」，這就是活在當下的我們所擁有的思考方式。就算父母苦口婆心規勸，依然覺得「你說的沒那麼重要」、「我自己的思考方式由我自己去尋找」。

也因此，我想要告訴各位年輕朋友，對於工作與經營上，哲學是無比重要，自己的思考方式、經營者的思考方式，將會決定人生以及企業的所有一切。

在講述道理之前，我想要先告訴各位，我一路走來的人生經歷。

我的人生在改變思考方式之前，可說是一路不順

我出生於一九三二年的鹿兒島，是七兄弟之中的老二。當時父親經營的是印刷業，在第二次世界大戰以前，還算是家境相對寬裕的家庭。可是，第二次世界大戰來臨後，我的命運也大為改變了。

在戰爭結束前一年的一九四四年，我參加了舊制鹿兒島第一中學的入學考，結果名落孫山。隔年我再度參加考試，仍然以失敗告終。

不只如此，我在戰爭結束前夕罹患肺結核，年僅十三歲就一度徘徊於死亡邊緣。鹿兒島連日遭受空襲的當下，我就像個破布娃娃一樣，躺在床上動彈不得。我的少年時代就是如此悽慘。

結果，我家也遭到空襲燒毀，戰後被迫過著貧困生活。幸好在學校老師的強力勸說以及親兄弟的支援之下，我勉強能夠進入高中讀書，之後更有幸升學至大學。

不過，我沒有考上志願的大阪大學醫學部，只好進入當時新設的鹿兒島大學工學部應用化學科就讀。過去日本陸軍曾經在伊敷蓋有軍營，鹿兒島大學工學部便是利用其場地而建立。

我在一九五五年從大學畢業。當時的日本正好歷經韓戰結束後的不景氣，因此想要謀求一職可說是倍加艱難。從地方上的新制大學畢業、又沒有任何關係的我，一直都找不到工作可做。好不容易在大學恩師的介紹下，才得以進入一間專門製造電線用絕緣礙子、位於京都的公司就職。

我在大學專攻的是有機化學，因此進入無機化學的陶瓷公司，本來並非我本意。但為了求得工作，我臨時將畢業論文的題目改成無機化學，然後急就章地寫完畢業論文，才終於找到工作。

不只如此，雖然當時距離第二次世界大戰結束已經過了十年，但我進入的公司卻是一間赤字連連、就連薪水也都沒有按時給付員工的公司。每當到了發薪日，公司就會告訴我們，「真的很對不起，請再等一個星期，公司才發得出薪水。」本來以為終於找到一間公司能夠好好賺到溫飽自己的金錢，結果就連發薪日也拿不到薪水。當時我還必須自己煮飯來吃，真的是過得十分辛苦。

正因為是如此潦倒的公司，所以公司提供的宿舍可想而知。雖然空間還算寬敞，但榻榻米的表面破爛，房間裡面也是老舊不堪。我只好買炭火爐與鍋子帶到宿舍去，然後在那兒展開生活。

包含我在內，當時同樣是大學畢業生的同期原先有五個人。但由於公司狀況慘不忍睹，雖然是好不容易才擠進去的公司，從四月開始還是走了一人、接著又走了一人；到了八月，只剩下包含我在內的兩個人。另一個人是畢業於京都大學工學部的九州人，我們兩個互相抱怨「這間公司實在是不行，還是辭掉工作好了」、「但辭掉工作，又該去哪裡找工作」，然後共同下決定認為「有一間自衛隊幹部候補生學校，我們可以一起去，那邊可以拿到比現在正常太多的薪水」，並且一起參加了考試。

由於遭遇到家人的反對，我雖然考上了自衛隊學校，卻無法如願就讀，另一個人則是進了自衛隊。結果，進公司的五個大學生就只剩下我一個人留下來，雖然百般不情願，也只好繼續待在公司工作。

專心投入研究後，我的人生開始朝好的方向前進

於是，我心想事情既然如此發展，一直怨天尤人也不是辦法，便將心情做一百八十度轉換，改變了「思考方式」。

在那之前，我一直覺得自己是個倒楣的男人，因而心中總是抱持著對自己的無力感。一直到大學畢業，我可說是霉運連連：中學考不上想讀的學校，大學也一樣考不上想讀的學校，就連大學畢業後也一樣進不了理想的公司。

我從大學畢業時的成績相當優異，就連老師都說「是稻盛你的話，就算不靠關係攀龍附鳳，想進哪間公司一定也是予取予求」，並

且大力幫忙我周旋工作。然而實際上卻沒有任何一家公司要用我。我因此而累積了許多怨恨與不滿，並且開始厭惡起這個世界。

事實上，我在大學時，工學部創立了空手道社，有一位來自沖繩的老師教導少林寺拳法，我也加入社團學習空手道。曾經的鍛鍊使我對自己的身手多少有點信心，我甚至還曾想過，倘若這個世界真的如此不公平，不靠關說關係就找不到任何工作的話，那麼我乾脆去當一個智謀型黑道算了。

這樣的我，偶然在老師的介紹下，進入了一家赤字連連的公司。這可說是在一片本就充滿不滿的土地上，繼續種下更多不滿的種子。

不只如此，我同梯的同事全都抱怨連連並離開公司，我卻是一個人被留在公司。既然怎麼逃都逃不掉，那我就只好雙手一攤，一百八十度地轉換思考方式。

當時，研究室的課長告訴我，「這間公司雖然專門製作電線用絕緣礙子，但只靠一種產品是做不長久的。電子的時代即將來臨，公司應該要開發擁有高週波絕緣性能的新型陶瓷材料，而我要把這個研究任務交給你。」這個重責大任因此落在我一個人的頭上。當時頂多只有美國的兩三篇論文可供參考，此外再也沒有什麼了不得的研究文獻。

可是，由於我已經無處可逃，因此便決定專心投入該項研究。當我一頭栽進去研究時，慢慢覺得連回到宿舍的時間都很浪費，因此便從宿舍將鍋碗瓢盆等吃飯煮飯工具，全都帶進研究所中。每天，實驗一結束就在原地煮飯來吃，在椅子上小睡片刻後，就再開始進行實驗。像這樣認真而投注一切精力後，研究開始慢慢有了成果。一有了成果，自己也開始覺得有趣；既然有趣，那當然就會更加熱衷其中。

過了一段時間後，上司也前來稱讚我。話傳到公司高層那邊後，甚至有董事專程造訪研究室來對我說，「你就是稻盛對吧，聽說你正在做很了不起的研究。」事情發展至這種狀態，我當然是愈發覺得有趣，也當然會更加努力投入其中。

就像這樣，事情開始轉向好的方向前進。

我考試多次失敗，出了大學也找不到工作，整個青年時代可說是慘綠無比。可是，當我進了公司，開始投入研究之後，人生便逐漸朝著好的方向前進。直到此時，我對人生的思考方式才有了第一次轉變。

然後，在研究開始大約一年半以後，我終於成功合成出一種稱為「鎂橄欖石」（forsterite）的新型高週波絕緣材料。

鎂橄欖石製成之初，我因為沒有識別其元素的裝置，還特地手製了高精度的測量裝置，或是專程前往大學的研究室去借設備，經過一番辛苦，終於確認我確實是合成出一種新型的高週波絕緣材料。

我完成的前一年，曾讀到有論文介紹美國的GE（奇異家電）公司已經成功合成出這個材料，不過我心想「我研究的環境如此克難，卻只比美國GE這種巨大企業研究所多花一年時間，就研發出同等成就，可見我有多努力」，因而感到高興不已。

當時，松下電器正在大量生產電視，他們透過集團子公司的松下電子工業聯絡我，想要使用我開發出來的材料，製作電視映像管中的絕緣材料。這一回不僅是研究，我還得負責進行大量生產。

對於赤字連連的公司而言，這是一個無比的好消息。公司的高層幹部們也都十分欣喜，心想公司這麼一來將能鹹魚翻身。

電視的銷量可說是飛快，無論怎麼生產映像管，其生產速度也遠追不上如雪片般飛來的訂單，因此當時的我連睡覺都嫌可惜，一心投入在生產過程之中。

過了一陣子後，有一個消息進來，指出美國方面有人使用該「鎂橄欖石」，開發出小指指尖大小的真空管。

在那之前，真空管都是使用玻璃製成的大尺寸。於是日立製造所便從GE公司導入技術，開始在日本進行大量生產，不過由於鎂橄欖石的材料全日本只有我在做，日立的負責人便前來拜訪我，請求我是否能夠協助生產。

他們想要使用新開發出來的陶瓷真空管來製作新型的收音機、電視，至於矽晶材料則要等到更久以後才會登場。

聽到這個消息，我非常感激地接下此項委託，但無論怎麼努力，卻都做得不順遂。日立的研究所日復一日催促我，但就算做好試用品送出去，仍然無法順利運作。

來自日立的抱怨愈來愈多，當時身為我上司的技術部長一聲令下：「就是因為交給稻盛你來做才會不順利。這一路上你是很努力沒錯，但今後靠你的能力是辦不到的，我們要交給其他研究人員來負責。」

當時的公司還有幾個京都大學出身的幹部，他們也曾經手絕緣礙子的研究，因此便轉手接下我做的研究。

這件事情讓我的自尊大為受損，並且十分憤恨不平，因此直截了當地對該技術部長說，「意思是不需要我了對吧，那我就辭職。」

沒有知識與經驗的我，在內心定下的座標軸

聽說我宣稱要辭掉工作，不只我的部下，連當時公司的管理部長，一位與我父親差不多年紀的先生，也都挺身相助，決定一起離開這間公司。

由於好不容易培養出此等程度的技術，我拜託熟人出資創設一間新公司，並在一九五九年以三百萬日圓的資本額，設立了一間名為「京都陶瓷」的公司。當時我正好是二十七歲。

今天我們所說的新興企業，一般都是自己去募集資金，然後自己創立公司，但當時的我並沒有那筆大錢，有的只有身邊的一萬五千日

圓。這樣根本不可能設立什麼公司，這三百萬日圓的資本額，是由相信我的各界人士所提供的資金。

為我出錢的各界人士，每一位都是很了不起的人。其中有一位新潟出身的西枝一江先生，出自寺院之家，擁有虔誠的信仰以及高超的人格。

「稻盛，所謂事業，一千個裡面有一、兩個成功就算很好了。你是個認真的人，或許有可能會成功，不過老實說失敗的可能性更高。」他雖然這麼勸告我，但還是為了我將自己的住所整個拿去做擔保，然後向銀行借了一千萬日圓。

西枝夫人則是如此告訴丈夫，「我們沒有生孩子，倘若你真的看中那位二十七歲的青年，那也沒有什麼不好。就算沒了家業、房子，我也不要緊的。」

至於我，我是一個孩提時代就被人取外號叫做「哭三小時」的愛哭鬼，每次考試總是什麼也考不上，所以聽到人家說「我相信你，願意賭一把在你身上」時，認為這是一件非同小可的事情，而感到震撼不已。

我在創業的同時，募集了二十名中學畢業的員工，總共由二十八人開始這間新公司。遇到任何事情，大家總是來詢問我的意見，問這個好不好或是那個怎麼樣。

遇到這種狀況，我就必須對他們說「這樣做好」、「那樣不行」，得做出判斷才行。

想要判斷事物，我的心中就必須要有用來判斷的基準、座標軸。至於這個座標軸是什麼？那就是我所擁有的思考方式、哲學。

我雖然也可以依據自己的好惡來做判斷，但只要一個判斷有錯，公司有可能就此倒閉。直到此時我才領悟到，「所謂的判斷，有正確的判斷，也有錯誤的判斷。所以說所謂的人生，便是我們下的每一個判斷整合並累積下來所產生的結果。」

「比方說，我們在做十個判斷時，其中九個判斷都是正確的，但很可能因為做錯最後一個判斷而功虧一簣。倘若這麼一想，所謂的判斷事物，其實伴隨著相當大的責任。那麼，判斷時的基準應該擺在什麼地方才好？」我因此大為煩惱。雖然我心中想，「如果我有什麼了不起的親戚能給我意見就好了。」但由於沒有這種親戚，我不斷煩惱後，到頭來還是去找西枝先生商量。

當我去找西枝先生時，他一口豪爽地告訴我，「稻盛你這是杞人憂天了，有我在不是嗎？有事找我談就好了，我會盡我所能教導你的。」

西枝先生當時在一間名為宮木電機製作所的公司擔任專務董事，確實是一位很了不起的人士。然而，我卻桀驁不馴，一邊接受幫助的同時，心想，「我的公司也不是什麼多了不起的公司，就這樣交給西枝先生判斷真的好嗎？」

所以我最後的結論是「到頭來，一切還是得經由自己思考」。

話雖如此，我既沒有相關知識，也沒有經驗，所以只好看開點，把我在小時候受到父母訓斥、老師責罵中學到的「作為一個人該做的事、不該做的事」當作判斷一切事物的基準。

從那時開始，我就將「作為人，什麼才是正確的」此一思考方式當作內心定下的座標軸，並依據此價值觀一路經營。

第二電電（ＫＤＤＩ）成功的唯一理由

此外，我在一九八四年，伴隨著通訊事業的自由化，建立了第二電電企画這一間公司。

這間公司後來合併了國際電信電話公司（ＫＤＤ）與日本移動通信（ＩＤＯ），現在稱為ＫＤＤＩ，是日本國內僅次於ＮＴＴ的第二大通訊公司。現在，ＫＤＤＩ的營業額大約是三兆日圓，若將京瓷與ＫＤＤＩ的營業額加總在一起，總營業額已經超過了四兆日圓（編按：本數字是二〇〇一年七月時的資料）。

以上這些，便是自從我二十七歲成立公司以來，歷經四十二年

（編按：二〇〇一年當時），僅以「作為人，什麼才是正確的」的思考方式，當作人生的座標軸而一路走來的結果。

經常有國內外的各界評論家或經濟學者詢問我，「為何京瓷能夠發展至今天這種規模呢？」此外，也常有人說，「稻盛先生是一位優秀的技術人員，而且正好碰上陶瓷這種材質流行的時代，所以才能獲得空前的成功對吧？」

這時我總是回答，「並非如此。我能有今天，不是因為我跟上時代潮流，也不是因為我的技術很優秀。我認為最重要的事情，就是我所擁有的思考方式、哲學是正確的。這不僅限於我，而是所有員工共享的理念。」

我覺得，只要擁有不愧於他人的哲學，不管是誰，都能夠獲得成功。

在通訊事業開放自由經營以前，日本的通話費用非常高昂，一般民眾都感到十分困擾。由於我很久以前曾經在美國工作過，所以了解美國的通訊費用遠比日本來得便宜許多。

在美國，就算從西部的加州打電話到東部的紐約通話許久，電話費仍然十分低廉。相對的，若是在日本，哪怕只是出差從東京打公共電話回到位於京都的總公司，也必須將一百、兩百日圓換成十元硬幣，不斷投入電話機裡才能維持通話，兩者通話費可說是大相逕庭。

對這種現象，我一直感到十分不滿。電信通訊事業由於為單一企業所獨占，國民為此負擔很重，這種狀況實在太令人義憤填膺，因此我決定設立第二電電。

對於這個決定，不僅我自己覺得無謀，周圍的人當然也主張，「稻盛先生或許在陶瓷的領域上確實是一個優秀的技術人員，但對於電信通訊的技術完全一無所知。這樣的挑戰必然以失敗收場。」

我則祕密召集我們的幹部，如此說道：

「有人說京瓷之所以成功，是因為我的技術很優秀，或是因為跟上時代潮流，但事實並非如此。成功，是因為我擁有哲學。但口說無憑，大談哲學也不會有人相信，因此我打算設立一家名叫第二電電的通訊公司，來證明我的哲學是對的。對於通訊事業，我既沒技術也沒知識，擁有的就只有經營哲學。光憑著經營哲學真的能夠使這個事業成功嗎？倘若成功的話，我們就能證明哲學在經營上有多麼重要。」

同時，我又告訴他們，「話雖如此，這的確是一場有勇無謀的挑戰，或許會以失敗收場。為此，我希望各位允許我最多投入一千億日圓。」

當時由於公司獲利而存了許多存款，我才會直截了當地對幹部們說，希望他們讓我使用其中的一千億日圓創業，如果花了這麼多費用還不成功，那麼我就撤退。最後，結果如各位所知，第二電電獲得了傲人的成功。

雖然周圍很多人都說「京瓷的成功在於陶瓷跟上了時代趨勢」，但我可以驕傲地說，不是我跟上了潮流，而是我創造了使用陶瓷的潮流。

近十年來，我開始在全球各地的材料工學學會等會議上，獲得這樣的評價：「因為有稻盛在日本創立京瓷並拚命努力，全球才興起一片世界級的陶瓷熱潮。如果沒有他在的話，也將不會有這股熱潮。」而我的如此功績，正是因為我有正確的「思考方式」，才能夠獲得。

話雖如此，我的思考方法一點也不複雜，只是「作為一個人，什麼才是正確、什麼是不正確的」這樣單純而返璞歸真的內容。

這種思考方式以一般的言語形容，便是正義、公平、公正、誠實、勇敢、博愛、勤勉、謙虛。也就是說，我們要實踐的事情其實非常簡單：有沒有違背正義、有沒有背棄誠實、有沒有失去勇敢、有沒有欠缺謙虛，並且對於世上所有一切都擁有博愛精神。我認為，我們須要做的便是重視這些道理，然後以不愧為人的生活方式活下來，這樣便已經十分足夠。

將這些原則當作內心的座標軸，不管面對何種障礙與困難都貫徹始終，我們就必然能夠獲得成功。

貫徹原則

以我來說，曾經因為過於貫徹這些道理，我在報章雜誌上的發言，形成對當時的政府或公家機關的嚴厲批評。我也因此不時遭到政府或公家機關抱怨，甚至是受到妨礙。即便如此，我也絕不退縮。

世上有很多人，會因為面對的對象不同，改變自己存在的方式。夏目漱石曾經說過「堅持己見，則多方掣肘」，告訴我們說出真心話而堅持不改口，將會在社會上過得綁手綁腳，甚至遭遇許多阻力。也因此，人往往都會做些表面工夫以求安然度過。

可是我不同，不管面對什麼樣的欺負，無論遭遇什麼樣的迫害，我都不會畏懼，堅持先前所說的那些理念。

在公司內，倘若有人違背了這些理念，我就會嚴格訓斥他。不只如此，倘若有人無法根本性地了解這些理念的重要性，無論他的職位多高，我都會叫他辭掉工作。這麼一來，或許一開始公司會遭到損傷，然若置之不理，則會在未來造成更大的損害。我就是像這樣徹底堅持，貫徹原則。

話雖這麼說，我們絕不能將對人類來說正確的事，以及對於自己來說正確的事混為一談。對於自己來說正確的事情，或許對自己有所幫助，但有可能對他人造成不好的影響。因為對自己來說正確的事，就是一種基於利己的思考方式。

我所主張的必須放在思考方式之中心的理念，便是處於利己之完全相對面的利他精神。如果換另一種說法，便是對於社會、他人有所助益的事情。我們必須將這種精神放在內心座標軸的正中央。

同時，由於在經營事業，所以我們還須付出不亞於任何人的努力。這種努力是沒有限度的，而這才是促成偉大事業的根源所在。

雖說努力，不過就算我們一個人努力，也不可能讓一間公司變得多麼壯大，因此我們還需要員工的支援。我雖然以三百萬日圓的資本額、借用宮木電機的倉庫，在京都成立了一家微不足道的公司，但我和不到三十名的員工一起流血流汗，在鼓勵他們勇猛精進、奮勇向前的同時，自己也真的從早忙到晚。每次只要找到機會，我就會對全體同仁說，「我們要讓公司在未來成為日本第一、世界第一的企業。」

這根本是不可能的。因為，這間公司是原本身上只有一萬五千日圓的男人，承蒙他人拿出三百萬日圓，才得以建立的。

這樣的一個公司，說要成為「世界第一」，聽來只像是無稽之談，但我確實是認真無比。這是因為原本我就受到「公司成敗、倒閉皆操之於我」的恐懼纏身，為了激勵自己，我無論如何都必須說出「讓我們成為世界第一」這種大話。

也因此，我每天都拚命向員工們說以下的話：「無論多偉大的事業，都是靠著努力一次一次累積起來、宛若螞蟻走路一般，一步一腳印才能夠抵達目標。既然這不是一朝一夕能夠達成的，那麼除了我們每一個人持續努力以外，再沒有其他實現的方法了。大家想必會認為，我們這群腦袋不怎麼好的人，就算聚集了三十個人一起努力，一定也無法達成如此遠大的目標吧。但，不是這樣子的。就算只有三十人，只要累積沒有限度的努力、累積無邊無垠的努力，一樣能建立世界第一大企業。這就是真理，除此以外，再無其他方法了。」

到頭來，只有為了社會、為了他人付出的成果，才能夠留存於世

不久前，我曾經有段時間在臨濟宗妙心寺派（譯註：日本佛教禪宗五大派之一）的寺院剃度出家，仿效出家人投身修行，那時我體會到的便是，人生如波濤洶湧、諸行無常，沒有任何人事物是永恆不變的。而且，人生就有如行走在黑暗之中，你永遠不知道前方會發生什麼。

當我們身處波濤洶湧、諸行無常的世界中，就算作為一位經營者獲得成功，在離開人世後，地位與名譽都不再有任何意義。

稻盛和夫這個人建立了京瓷，好像賺了不少錢。可是，在面臨死亡之際，不管賺了多少錢，都沒有任何價值存在。

相反的，一個人在活著的時候，為了社會、為了他人究竟付出多少，其貢獻的影響力則會一直留在人世間。

一個為了社會、為了他人付出的人，必然擁有一顆美麗的心靈。正因為擁有美麗的心靈，所以能夠將自己的事情放在一邊，為了他人做出貢獻。我認為，從這種想法出發，或許我們可以說，所謂的人生，便是為了創造一顆美麗的心靈所存在。

也就是說，我們一生所打造出來的美麗心靈，便是生而為人，一生中可以獲得的最大的勳章。

那麼，要讓心靈變美麗的最好方法是什麼呢？我認為，那便是「拚命努力工作」。如果是學生的話，則是「拚命努力念書」。

我們的內心，必須用「吃苦」這種拋光粉來加以磨練，才會發光。

人生波濤洶湧，總是會遇到許多勞苦。有時會遇到災難，有時會罹患病痛，有時還會發生不好的事。

這一切都是大自然為了磨練我們的內心，而賦予我們的考驗。同時，我們也可以把幸運看作大自然給我們的考驗，用來測試我們是否會因此沉溺於好運之中，造成人格的墮落。

面對磨練，如果我們對自己的境遇憤恨不平、抱怨連連，並因此憤世嫉俗、心生彆扭，埋怨為何只有自己會遇到這種不好的事，這樣不僅無法磨練心靈，反而更讓心靈變得汙穢。

面對眼前的考驗，我們必須忍耐並且更加努力，想著是大自然在教導我們，在辛苦之中仍然開朗進取地活下去。倘若能這麼面對事物，我們就能培養出高潔的人格，成為人生的勝利者。為此，吃苦耐勞是一件非常重要的事情。

人生方程式

現在，我想要一邊介紹我所想出的「人生方程式」，並針對思考方式有多麼重要，做進一步的說明。

人生的方程式，便是「**人生、工作的成果＝思考方式×熱誠×能力**」，這是我在二十歲到三十歲之間所想出來的。

我認為，人生的結果可以從這三個要素的乘積表達。也有人說，這三個要素不應是相乘，而是相加，不過我覺得與其用相加，相乘可說更為貼切。

能力，指的不只是頭腦的聰明與否，也包含肉體上的能力或健康狀態等。

這是人一生出來就由大自然所賦予的存在，並不是我們能夠藉由後天改變的東西。所謂的能力，對於人生或是工作來說，都是一個影響很大的要素。

第二個要素，則是熱誠。正如我剛才提到，無論多偉大的事業都只能靠著大家一步一腳印地累積起來，因此我們要付出不亞於任何人的努力、拚命的努力，並且擁有這種思考方式與熱誠。擁有熱誠這一點與能力不同，是可以靠著後天自己意志決定的。我們提到的能力與熱誠，可想成有從〇分到一〇〇分的分數。

回想我的人生，我畢業於鹿兒島大學，這在當時不過就是一間位於地方上的常見新制大學而已。雖然我自認在學校裡還算是會讀書的學生，但一到都市，即便是位於京都的小公司，其員工也都是畢業於我沒有考上的大阪大學、京都大學等優秀大學。也因此，面對這些人，我總是在能力面上感覺到一種輸給他人的複雜心情。

那麼，像我這種人要怎麼與這些優秀的人競爭呢？我沒有能力，所以我就一輩子贏不了他們嗎？不，絕非如此，只要拚上性命努力，也就是擁有熱誠的話，一樣能夠獲得成功。這就是我想到「能力×熱誠」這種思考方式的原因。

比方說，同樣是以優秀成績畢業於一流大學的學生之中，有些人會因為覺得自己腦子很聰明而怠惰。既然是畢業於一流大學，在能力上或許有七〇分甚至是八〇分。可是，由於他不加以努力，所以熱誠只有三〇分。這麼一來，他的分數就會是八〇分×三〇分＝二四〇〇分。

另一方面，從地方上的新制大學畢業的人，大概只有六〇分的能力。可是，儘管不夠聰明，可他拚命努力，所以擁有八〇分的熱誠，他的分數就會是六〇分×八〇分＝四八〇〇分。也就是說，他可以得到比自一流大學畢業的人還要多上一倍的成果。

接著，還要再乘上思考方式這個要素。由於思考方式除了正向思考外，還有消極的負面思考，因此分數是從負一〇〇分到正一〇〇分。

比方說，我雖然從鹿兒島大學畢業並參加了公司招考，但卻沒有任何一間公司願意聘我。「如果不靠關係介紹就沒人願意僱用我，這樣的世界實在是太不公平」、「外頭公司都不肯僱用真正有實力的人」，就算我抱怨再多，還是沒有公司僱用我。面對如此不公平的社會，我還曾經認真思考過乾脆去當黑道，走上不歸路。我在大學曾經學習過空手道，如果走上這條路，搞不好今天還真成了一個獨當一面的黑道老大。

倘若我選錯道路，對社會不僅不會帶來助益，甚至還會帶來損害，也就是有可能成為一個負面的存在。

當我們的思考方式是負面的，不管那是多微小的負面思考，由於人生要素是相乘所得，人生最後的結果也會全部成為負面。

即便能力在他人之上、努力也在他人之上，若我們因為憤世嫉俗而姦擄燒殺，人生也會全部成為負面的結果。

所謂的思考方式，便是如此重要的東西。依我們在內心的座標軸上放置何種思考方式，人生也會呈現截然不同的結果。

無論何種思想，最後的結果都會回歸到自己身上

當我在京瓷說這些話時，從優秀大學畢業的員工等人，總會覺得光是工作就已經很辛苦，為何還要強制員工的想法？他們認為公司存在各種思想都無所謂，並因此感到不滿。

確實，擁有什麼樣的思想都是個人的自由。相對的，不管擁有何種思想，我們最後都得自己承受其帶來的結果。也因此，我作為人生路上的前輩，才會告訴各位這樣的思考方法比較好。

我想談談過去的一個經驗。大家應該都知道，有一間販賣女性內

衣的公司名叫華歌爾。

華歌爾是由已離世的塚本幸一先生所創立。塚本年紀正好大我一輪，但是卻說他很尊敬較年輕的我。我有幸與塚本交好，在工作結束後，經常一起到祇園（譯註：京都的繁華街）去喝酒。

某一次，當我們與年輕的經營者一邊喝酒一邊針對經營、哲學進行議論時，有一位年輕的經營者說，「稻盛先生，我不認同你的想法，我們公司是另一種思維。」

我主張，人生既然只有僅僅一回，那麼就應該更加認真、拚命活著才好，但他則認為，正因為是只有一回的人生，所以應該活得更快樂一點。

聽到這裡，塚本便非常生氣地說：「喂，你別說些沒用的話。你怎麼比得上稻盛老弟啊？就是因為你的想法天真，所以你的公司就只能停留在目前的規模。一家公司規模小到微不足道的老闆，指著稻盛老弟說他的想法錯了，你不覺得很滑稽嗎？」

聽到這兒，我才領悟到，「對喔，你想追求怎樣的人生、想如何經營公司，就需要相對應的思考方式。」

在攀登人生這座山頭時，就有如那位年輕老闆所說的一樣，只有一回的人生，如果想要馬馬虎虎快樂過日子的話，當然可以憑著純粹踏青的心情來面對。然而，如果我們想攀爬的是富士山，那就需要一定程度的準備，同時也需要具備體力。更別說如果我們想在冬天攀爬喜馬拉雅山，那就必須要有能夠克敵制勝的裝備才行。

想要爬哪一座山——也就是想要度過怎麼樣的人生、想要經營怎麼樣的公司——都必須有相對應的思考方式、哲學才行。

也因此，就算心想「稻盛先生雖然說這種思考方式很重要，但那是為了設立京瓷那間公司所必要的思考方式，我沒有建立如此規模公司的打算，所以即使思考方式的程度低一點也不算壞事」，也是沒有關係的。

哲學這種東西應該將目標擺在愈高層次愈好，但那僅限於想要度過一個偉大人生時才需要的想法，如果想要度過一個得過且過的人生，就算層次低一點也無所謂。

重點在於，我們必須擁有對應自己想過之人生的思考方式。

※本章節自二〇〇一年七月十一日舉辦的鹿兒島大學工學部「京瓷經營學講座」的內容重新改寫而成。

為一肩挑起未來的年輕學子指引迷津③

於二〇〇一年七月十一日舉辦的鹿兒島大學工學部「京瓷經營學講座」中，我的小學弟們提出了不少有意義的問題。

〔問〕要怎麼克服自己一人沒有辦法負擔的重大責任

我是工學部碩士班一年級的T。聽完演講，我不禁對自己一直以來的生活方式感到羞愧。我想要請教一個問題。

在設立一間公司或者開始一項大計畫時，想必會伴隨著自己一人無法負擔的重大責任，要如何才能夠不被壓力所擊潰，持續朝著前方邁進呢？

〔答〕我是找值得信賴的人商量

確實，正如剛才的內容中提及，我承受了幾乎無法一人負擔的重大壓力。

這種壓力必須靠著強韌的精神力才能忍耐過去，但這不是任何一人都能承受的東西。以我來說，我當時對將房子拿去抵押而借了我一千萬日圓的西枝先生吐露多次苦水。

每到晚上七點，我就去找西枝先生，然後像小孩子一樣抱怨，滔滔不絕地吐露心中苦水。

西枝先生是一位很了不起的人，再加上他出身於寺廟世家，便看穿了我因為過度疲累而處於內心無所適從的狀態。

西枝先生來自新潟，他總是對我說，「我懂我懂，那我們現在去喝一杯好了。」然後帶我到位於祇園，一對新潟出身、皮膚白皙的姊妹花所經營的家常料理店吃飯喝酒。

包含京都大學的平澤興前校長在內，那間小店經常有許多京都大學的學長前去喝酒。西枝先生會與我坐在吧檯的位子，一邊請我喝酒，一邊聽我各種抱怨。我就是靠著這樣來消除各種壓力。

另外，我不只是藉此消除壓力，也學會了喝酒的禮儀。由於我是受到招待，便有所顧慮地小飲兩三杯，於是西枝先生告訴我，「不必那麼拘謹，酒就是用來給人喝醉的。」當我心想「原來如此」而喝得過頭時，他又會回頭提醒我，「可以喝酒，不可以被酒喝。」

如果我不喝就會叫我喝，如果喝太多就會提醒我不要喝太多。此外倒酒時，西枝先生告訴我，「別人一喝完就馬上再倒一杯，他會因為酒才剛入口而喝不下第二杯。我也只是喝酒助興而已，不要倒酒倒得太過頻繁。」而當我過了一段時間都不倒酒，他又會告訴我，「偶爾也可以幫人倒杯酒。」

也就是說，他一邊教導我這種人際關係間的默契，一邊請我喝酒，同時又藉此消除我累積下來的心理壓力。

我想，倘若不是西枝先生這樣細心照料我，我可能真的會發瘋也說不定，因為經營者承受的壓力是如此巨大。所以說，強韌的精神力並不是一開始就擁有的東西，而是透過拚命努力工作慢慢培養出來的。

〔問〕一天二十四小時如何運用

我名叫N。有一種說法認為，時間是上天唯一平等賜予人類的東西。那麼，我想請教稻盛先生是如何運用自己一天的二十四小時。

〔答〕我的人生一路上都是「有事絕不留到之後再做」

確實，一天就只有二十四小時。

以我來說，我並沒有嚴格規定自己幾點到幾點要做哪些事情。總之，我就是今天一定要做的事，就一定在今天做完。也就是說，我一路上都是抱持「絕不把事情留到之後再做」的態度過活。

也因此，雖然不是記憶得太清楚，但我初創立公司的最初十年、二十年內，我大概都是在過了半夜十二點後才回到家。

當然，我記得週末也不例外。不瞞各位，我有三個女兒，但無論是中學或小學的教學觀摩，我從來沒去過任何一次。

我因此遭到女兒們的怨恨，甚至被說「從來沒做過任何一件父親該盡的責任」。正如同前一個問題所提到的，面對幾乎要將人擊潰的重責大任，我將家裡的所有一切都交給妻子負責。我想女兒們一定也感到十分寂寞。女兒們出嫁後，當我說「我很慶幸我的老婆與女兒們，都對我的工作給予諒解與尊重」時，她們就會反駁，「我們才沒有諒解呢。爸爸你是個很不好的父親。朋友的父親都會和自己的小孩一起玩，所以小時候我們一直都很羨慕別人家。」

話雖如此，我還是很慶幸我的家庭只是埋怨我，而沒有讓我以離婚收場。我確實時間不夠用，所以三百六十五天幾乎天天深夜才回家。當然，我不是喝酒喝到半夜，而是工作到半夜。

〔問〕員工過度尊敬反而帶來危機

我是法國文學部三年級的I。前陣子有幸參觀您公司的國分工廠，當時在問答時間面對各式各樣的疑問時，貴公司的員工提到，當他們面臨困難，會拿出寫有稻盛哲學的小冊子，然後從書中找出答案。我聽到這裡時，深感稻盛先生的人生、工作哲學，可說已經深深扎根於員工的心中。

然而，我同時也有一種感覺，倘若員工過度尊敬稻盛先生，反而有可能使得京瓷在未來成為一個拒絕變化的象徵。

對於這個想法，稻盛先生是否曾經將自己與松下電器產業的松下幸之助先生放在一起看待過呢？（譯註：日本最大電機製造商Panasonic的創始人松下幸之助，在日本被譽為「經營之神」。除企業經營外，松下不僅創立PHP研究所以推動倫理教育與出版活動，晚年也設立松下政經塾以培育政治人才。）

〔答〕重要的在於有多少普世價值

我沒有把自己與松下幸之助先生放在一起思考過，不過當我年輕時曾經讀過許多松下幸之助先生寫的書，學習他的思想與哲學，因此我想我的思考之中，一定也包含了松下幸之助先生的哲學思想。

關於方才同學質疑，在判斷事情時，解讀京瓷哲學，然後用京瓷哲學作為判斷的座標軸，是否會造成問題，我想說倘若那是一個偏執的思考方式，比方說若是毛澤東思想或是樹立納粹德國的希特勒之判斷基準，那麼想必一定會面臨崩解。

我說過，所謂的京瓷哲學，就是以「作為人，何謂正確」作為判斷基準。倘若這個判斷基準並非「作為人，何謂正確」，而在其中參雜著任何一絲一毫「對於稻盛和夫而言，何謂正確」，這個判斷基準確實很有可能在不久後就此崩解。因此，我認為這個問題的癥結在於，其中包含了多少普世價值。

比方說，以宗教為例，耶穌基督述說、之後由弟子們所寫成的《聖經》便是基督教的基準，而佛陀所說、之後所寫成的各種經典也都成了佛教的判斷基準。

即便內容乍看之下講述的道理十分正確，但倘若沒有跟上時代的腳步，宗教也很有可能因此衰退。所以正如這位同學指出的，京瓷哲學也一樣蘊含著這種崩解的可能性。

可是，想要活過這個人生，並且為了在經營上運籌帷幄，確實有一個正確的道路可行。對於我來說，當下的一切，便是我在這幾十年內遵從自己如此思考方式，所得到的確實成果，因此我想我的思考方式應該沒有太大的錯誤。反過來說，連成果都還沒有的人，倘若對他自己所深信的想法執著不已的話，反而有可能招致悲慘的結果。

可是對於我來說，我只是將自己一路所做的事非常忠實地傳達給大家，因此應該不至於造成謬誤才是。

第5章

二十多歲就該知道的經營十二條

經營公司時、作為一個社會人工作時必須擁有的原則

現在我要講述的「經營十二條」，是從事經營時非常重要的原則。

如果各位出了社會後建立公司並負責經營，就有必要直接運用到這些原則，不過就算你沒有設立公司，其中仍然包含了許多作為一個人活在世上、作為一個社會人工作很重要的事項，因此希望各位年輕朋友都能理解個中道理。

1　明確事業的目的與意義

2 設定具體目標

3 胸中懷有強烈願望

4 付出不亞於任何人的努力

5 追求銷售最大化和經費最小化

6 定價即經營

7 經營取決於堅強的意志

8 燃燒的鬥魂

9 拿出勇氣做事

10 不斷從事創造性的工作

11 以體貼之心真誠待人

12 始終保持開朗樂觀的態度，懷抱夢想和希望，以坦誠之心處世這十二個項目，是我在經營京瓷與ＫＤＤＩ至今日為止，將我過去經驗過並實踐的事項，整理而成的十二條經營原則。

所有的內容，都是我一路經營下來所實踐的事情。

1 明確事業的目的與意義
——確立正大光明、符合大義名分的崇高目的

以我來說，當我在二十七歲成立公司時，是以二十八名員工的規模開始。

雖說是二十八名，但和我一起創立公司的人只有其中八名，剩下的二十人則是當年中學畢業的男生、女生。

即便是如此的小企業，或者是從大學畢業出社會而開始邁向人生道路的狀況下，最初便明確訂定「事業的目的、意義」是一項很重要的事。

本項原則的副標題為「確立正大光明、符合大義名分的崇高目的」。在我們進入社會、開始走上自己的人生道路時，要以何種目的走人生這一遭？對自己而言，達成目的又有何種意義？這些目的與意義都必須明確設想。

特別是在創業時，確立目標更是不可或缺的大事。明確設定自己事業的目的與意義，是一件非常重要的事情。

一般來說，新興創業的人被問到「你的事業目的在於？」時，會有人回答，「我因為想要賺錢才開始這個事業。」

或許也有人會說，「我必須讓我的家人溫飽，所以創業。」無論是「想賺錢」或是「必須讓家人溫飽」都無所謂，然而身為經營者的老闆之所以創立公司，只是想要賺錢或者是養活家人，那麼對於員工們來說，自己的任務就只是幫助老闆賺錢與養活老闆家人。處在這種狀況下，員工不可能會擁有動力，想與老闆攜手努力開創事業。

因此從這個層面來說，我認為事業應該盡可能訴諸高層次的目的以及意義，才是正道。

假設這間公司只是為了讓稻盛和夫的技術發揚光大，或是為稻盛和夫想賺錢所設立、為了養活稻盛和夫家人所存在的公司，那麼即便我說破嘴叫大家一起加油努力，也只是欲蓋彌彰，讓人更清楚這只是為了滿足稻盛和夫個人欲望的企業，對於受僱的員工來說，難以成為拚命努力的動機。

然而，當公司的目的設定為「追求全體員工在物質上和精神上的幸福」，大家就會願意為了自己與大家的幸福一起努力奮鬥。公司上下不會區分經營者與工會、資本家與勞動者，而是透過共通的目的，上下一心，所有人都想要讓這間公司變得更偉大。

同時，倘若我們想要讓員工與自己一同拚命奮鬥的話，如果沒有高遠的志向，是沒有辦法打動人心的。

也因此，我們員工的目的，不該只是單純追求物質上和精神上的幸福，而是透過我們的技術開發，為人類與社會的進步發展做出貢獻。

也就是說，京瓷這間公司的存在，能夠為人類社會的進步發展帶來貢獻。因為有這間公司，才能進行耀眼的技術開發，並且對社會帶來顯著貢獻。我就是希望公司能夠在全球技術開發層面上也做出重大貢獻，才設定了公司應該在社會層面上也做出不凡事業的目標。

2

設定具體目標

——所設定的目標始終與員工共有

接下來，我們要談設定企業經營上的具體目標。這裡的重點，就是在訂定具體目標的同時，要隨時將該目標與員工一同分享。

比方說，假設公司現在的年營業額是一億日圓，就要以具體的數字明確描繪目標，例如下一期想要讓營業額提升至兩億日圓。

重要的是，我們不是單純計算營業額，而是考量包含獲利、員工人數等公司規模後，才以數字具體訂定明確的目標。

也就是說，目標不是公司整體的抽象數字，而必須是針對每個組織經過詳細分析後所得出的資料。

我們應該針對每個大小組織設定明確的目標數字，甚至對於每一位員工也應該要有具體的目標，以作為明確的前進方向。

此外，除了一整年的年度目標以外，還要有每月目標，也就是設定每一個月應有的目標。

這麼一來，每個人就可以看到自己每一天的目標。我們設定的目標之明確度，就應該像這樣，能讓每個人看到，並且達成自己每一天擔負的角色。

此外，將明確的目標與員工一同分享，也是非常重要的事。

倘若公司的目標不夠明確，經營者不但無法針對公司該朝哪個方向前進做出指示，員工也不會知道該邁進的目標，因此隨意朝自己中意的方向胡亂前進，使得原本擁有的力量分散，無法以組織型態發揮應有的力量。

也因此，在明確訂定目標的同時，將目標與員工分享也是不可或缺的。我將這件原則稱為「對準向量」，並且經常向員工訴說。經營者必須透過告知員工明確的經營計畫與指針，努力將全體員工的力量，發揮在公司想前進的方向才行。

此外，我認為沒有必要建立長期的經營計畫。

一般而言，無論是大企業或是經營顧問，都認為想要經營企業，必須訂定中長期的經營計畫。

建立中長期經營計畫，然後依據計畫經營，被認為是一個正確的手法，但我認為這種方法不甚必要。

目前的京瓷雖然訂定有中長期的經營計畫，但是在我擔任經營者的過去三十年內，公司沒有訂定過任何一次中長期的經營計畫。

那麼我們是怎麼做的呢？我們只訂定一整年的經營計畫。像這樣的公司竟然能夠成為大企業，實在是很不可思議。

為何我不設定中長期經營計畫呢？

就如同經濟動向很難預測，我們所處的企業經營環境，也是每隔幾年就會經歷重大變動。即便現在目標放在五年後，並訂定了中長期的經營計畫，過了兩年左右，公司所置身的狀況與環境，可能已經徹底改變。

倘若我們訂定了長期經營計畫，就如同上面所說，當狀況一變，就必須被迫修正原本的計畫。

訂定中長期的經營計畫藉以推動員工，雖然是一件重要的事情，但倘若計畫不時在修正，計畫本身的可信度就會下降，甚至造成整個計畫不再受到信任。

當計畫不被遵守，將會連員工的信任一併失去，因此我都儘量不去訂定中長期的經營計畫。

相對的，我會訂定一整年的經營計畫以及每個月的經營計畫，然後拚命遵從這些計畫進行。如果只是一年後的話，經濟動向勉強還可以預測，企業環境也不會變動太大，因此我只要在這一年內拚死奮鬥就行了。

3

胸中懷有強烈願望

——要懷有能夠滲透到潛意識之中的強烈而持久的願望

第三個原則，就是在心中抱持強烈的願望。

換個說法，這個原則便是「要懷有能夠滲透到潛意識之中的強烈而持久的願望」。這句話聽起來很複雜，因此我要特地為大家解說。

此處所指的「強烈願望」，便是我想要讓我的公司如此發展、並且真心想要實現的願望。

不只如此，由於這裡用了「強烈」來形容，因此這不只是指願望，而是指非常強韌的願望。也就是說，我們要在心中抱持非常強烈的願望。

我在年輕時曾經學過一些瑜伽的皮毛，並在修行中得知，在印度喜馬拉雅山中從事瑜伽等修行的聖人們經常說，「強烈的願望，也就是在心中持續想一件事情，將會出現在現世，也就是作為事實出現。」

抱持無論如何都想達成目標的強烈願望，便是成功的關鍵。這一點我在一路經營企業的過程中，也能實際感受到。

當我們從事經營時，總會遇到各式各樣的狀況。比方說，雖然想要進行某種技術開發，但技術人員卻不足；想要進行某種技術開發，但進行該研究的資金卻不足；想要進行該種技術開發必須要有某種設備，但卻沒有資金購買該設備。

諸如此類，我們總是會遇到即便想做些什麼，卻無法順利進行的狀況。但我們該做的不是就此放棄，而是抱持無論醒著或睡著都持續想著的強烈願望。

我們的意識，區分為在清醒狀態時能夠意識到的表層意識，以及位於我們看不到地方的潛意識。一再反覆、持續地想一件事，不只會使該想法占滿潛意識，甚至讓潛意識浮現於表意識上，使得我們能夠運用自如。

我想，大家應該都沒有注意到，其實我們平時也會運用潛意識來工作。

無論是在工作或是讀書的時候，由於我們是運用表層意識來記憶或是說話，乍看之下並沒有使用到潛意識，然而事實並非如此。我舉一個很好懂的例子，那就是駕駛汽車。

會開車的朋友應該都知道，以前的車子必須使用手排變速器才能駕駛。要先用左腳踩下離合器踏板，然後換檔，再用右腳踩油門，才能提升轉速。至於想要停下，必須先將右腳快速離開油門，再去踩剎車。

與此同時，還得握著方向盤往左右前進，因此當駕訓班教我們時，一開始總是會感到困惑。即便教練說「好，踩下離合器進行變速」，我們仍然會左腳右腳胡亂出腳。不只如此，由於注意力都放在腳上，往往會忽略手部的動作，而沒有握穩方向盤。曾經學開手排車的朋友，我想應該都有因此遭到教練指正的經驗。

然而，當我們考到駕照，開始駕駛手排車時，我想沒有一個人是在表層意識上去想「要先踩離合器，接下來再進行變速」等每一個步驟。

坐在駕駛座上，發動引擎後，接下來就是交給手腳自行動作的狀態，可以說就是倚靠潛意識進行工作的狀態。

事實上，若我們做工作時是在表層意識上一一想著進行每個步驟，將會使我們變得十分疲累。同樣的，當我們剛開始學駕駛汽車時，每次駕駛都會非常疲累。更別說倘若出遠門的話，更是讓我們感到疲累不堪。

不過，當我們逐漸習慣並以潛意識駕駛汽車時，即便出遠門也絲毫不會感到疲累，反而輕鬆無比。這就是因為在使用潛意識來行動。

這對於公司的工作來說也是一樣。公司雖然僱用員工請他們工作，但對於我們製造業來說，由於製造的是物品，因此必須一整天都進行單調的作業。

這麼一來，即便是非常輕鬆的工作，在持續一星期後，就會有人開始喊肩膀痠、腰痛或是眼睛疲勞；持續了三個月，就會有人喊做這麼精細的物品工作將弄壞身體，因此想要辭掉工作。這是因為，最初三個月都算是剛入門的狀態，由於使用表層意識在工作，所以不僅眼睛會疲累，肩膀也會痠痛，非常容易疲勞。

然而，經歷了三個月，可以用潛意識工作後，就會開始不感覺到疲累，而真的變成輕鬆地工作。

所謂的「再不喜歡的工作，也要忍耐三個月」，就是指想要以潛意識做工作，必須花上三個月左右的時間。

就算不從事困難的瑜伽或坐禪，只要拚命努力、一再反覆執行，就能夠進入潛意識。

也就是說，我們會進入有如駕駛汽車一樣的感覺。所以，就如同先前所說，我們要在心中抱持著強烈的願望，例如我想讓京瓷這家公司變成什麼樣的公司，或是想讓公司賺到一億日圓、想要得到一千萬日圓的獲利，或想要賺到很多獎金付給員工。

我們要日復一日設想願望，然後將之說出口來。像這樣每天都反覆地想，便能進入潛意識之中。

在公司經營上拚命努力工作、想要讓自己公司成長的想法，就會自然成為潛意識，然後使得工作變得順利。這樣的例子可說不勝枚舉。

4　付出不亞於任何人的努力

——一步一步、踏踏實實、堅持不懈地做好基礎且平凡的工作

第四個原則，是「付出不亞於任何人的努力」。副標則是「一步一步、踏踏實實、堅持不懈地做好基礎且平凡的工作」。

付出不亞於任何人的努力當然重要，但談到努力前，即便面對乏味的工作，也要一步一步、踏踏實實、堅持不懈地努力，可說是更為重要的事情。

以我來說，我過去從事的是一種稱為新型陶瓷的特殊陶瓷研究，但陶瓷這種東西，其實是非常不起眼的。

一般來說，揉捏金屬氧化物的粉末，製造成形並以高溫燒製，所得到的物品就稱為陶瓷，而我們便是以這種陶瓷為基礎，建立了京瓷這家公司。

同時，即便我們製作的是新型陶瓷這種特殊陶瓷，完成一個物品的價值也只有十至二十日圓左右。

我們要製造好幾百萬個這類新型陶瓷給客戶，因此每一天都在生產相同的產品。當我們僱用大學畢業生來從事這種單調又乏味的工作，總是有許多人會說，「我在大學裡學習了各種知識，要我一輩子從事這種單調而無趣的工作，人生未免也太寂寞了。我想要讓自己的才能更加發揮，因此我打算辭掉工作。」不只是大學畢業生，就連高中畢業生也經常說出相同的感受。

話雖如此，我自己在大學時代，原本也想要朝著耀眼的石油化學方面發展，因此也曾經十分煩惱。即便一直持續這種把陶瓷一個個燒出來的平凡工作，到頭來，京瓷這間公司會不會只能作為一間稍微比鄉下工廠好一些的公司？而我的一生全部都耗在上面，這樣好嗎？

可是，當我浮現這種想法時，便想到先人們曾經說過，即便要登上世界最高峰喜馬拉雅山，也必須從山腳下一步一步往上爬，才有可能到達顛峰。同樣的，不管多麼偉大的事業，也都必須一步一步來，持續做基礎且平凡的工作才能達成。

那時我才驚覺，走在人生這條道路上，沒有像是飛機或高速行駛的汽車這麼方便的東西，只能靠著我們自己一步一腳印地向前行。

同時我也領悟到，一步一腳印所留下的足跡或許不起眼，但是累積起來卻能促成連自己都無法想像的偉大事業，而偉大事業也僅有靠著一步一腳印累積才能達成。因此，我決心繼續留在這個不起眼的陶瓷世界，並且不讓自己的人生變得灰黯。

被說「你要多努力」時，很多人都會主觀地說「我有在努力」。但努力並不是一種主觀的東西。

所謂的努力，不是自己認為有努力就夠了。最重要的是客觀來看，自己付出的努力真的不亞於任何人。

「不亞於任何人的努力」，必須是客觀看來也真的是在努力的程度才行，而這個「不亞於任何人的努力」，便是第四項非常重要的原則。

5 追求銷售最大化和經費最小化

——利潤無需強求，量入為出，利潤自然隨之而來

第五個項目是「追求銷售最大化和經費最小化」。副標題則是，「利潤無需強求，量入為出，利潤自然隨之而來。」正如此處所寫，儘量提升業績，並且壓低所需要的費用，就是經營的真諦。

這一個原則是我在初創設京瓷時，與我前一個公司的上司青山政次先生，以及負責且熟稔會計的課長經常議論的話題。

作為經營的指標，公司會使用損益表。表中將營收與花費分開，

記載了收入有幾個項目、合計數字為多少，而費用分別有幾個項目、合計數字又是多少。

無論是大學工學部的學生，抑或是文科的學生，我都希望大家務必學習會計這個科目——換句話說，也就是所謂的簿記。

所謂的簿記，指的是公司的會計在記錄會計帳面時，所使用的複式簿記。然而一般在日本，商業高中雖然會教導簿記，大學的經濟學部或商學部，則似乎沒有教授簿記的知識。

無論是工學部或是文科學部，又或者是非創業者也好，包括家計簿在內，其實都應該以這種損益表、複式簿記的方法來計算，才是對的。

損益表上的營收、費用、營業利潤、稅前利潤等項目，本來應該經過相當教學去了解，但是很多人都不願認真學習。

我自己原本也沒有學習過，我是在開始經營京瓷後，才第一次經由會計課長教導所學習。不過，由於其內容既艱澀又麻煩，所以我就說，「我懂了，總之就是讓銷售儘量提升，然後儘量不要使用經費對吧？」然後靠著這種模糊的概念，一路經營京瓷至今。

不過，如此單純的事實，其實有很多一流大企業的經營者都不了解。明明賺到的營收扣除費用後呈現赤字，很多人卻是看到精美報表便已經滿足。

雖說是「銷售最大化、經費最小化」，但其標準何在，每個人的看法都有所不同。

假設有一位經營者，他認為已經獲得充分的利潤，所以花一點錢不算奢侈，因此蓋了氣派華麗的豪華總公司大樓。也有像我一樣的人，營收雖然多到即便蓋了豪華總公司大樓也還綽綽有餘，但卻選擇不蓋大樓，而以現狀繼續努力。兩者之間的差別，正是每個人所擁有的哲學、人生觀之不同。

此外，對於「銷售最大化、經費最小化」，以我來說，我認為「利潤無需強求，因為利潤會隨之而來」。

當我們徹底提升業績至最大，而將成本壓低至最小時，營收的利潤——也就是營業利潤——將會向上竄升。

一般說來，營業利潤比率這種東西，只要有個百分之幾，就會被認為不錯。

倘若營業利潤比率到達一〇%，那就是高利潤公司。其中還有企業相較於營收，能夠獲得二〇%、三〇%的利潤，那無疑就是超優秀的高利潤企業。

我將銷售最大化、經費最小化的前提下，得到的結果便是利潤，因此我只要維持這種做事方法，就能夠得到高收益。我就是靠著這個想法一路經營至今。

當經濟變得不景氣時，就會見真章。

這是因為，對於一間營業利潤比率只有百分之幾的企業來說，一旦營收降低二〇%，公司將會落於赤字。然而，對於營業利潤比率達到二〇%的企業來說，就算營收降低四〇%，仍然可以保有利潤。

所以說，高利潤公司相較擁有對不景氣的抵抗力。

想要成為高利潤企業，就必須在景氣好的時候，將企業體質改變為高利潤企業的性質。

6
定價即經營
——定價是領導者的職責。價格應定在顧客樂於接受、公司也能獲利的交會點上

第六個原則是「定價即經營」，副標則是「定價是領導者的職責。價格應定在顧客樂於接受、公司也能獲利的交會點上」。

在我於一九五九年創立京瓷時，開發出新型陶瓷，最初是用在製作真空管零件的絕緣體上。

這是一種只有京瓷經手的特殊材料，販賣的用途也僅限於某些特定的廠商。

也就是說，這種材料沒有任何可供參考的市面商品或價格，因此必須由我親自決定販賣的價格。

想要決定價格，一般來說都是評估材料費與人事費等要花多少費用，然後再於其上加上適當的利潤，以進行販賣。

可是，即便製造此商品的成本是十日圓，我將利潤加上去，並將商品販售價定為十一日圓，假設顧客反映不想買價格這麼高的材料，那麼商品依然賣不出去。

反過來說，即便詢問顧客想要以多少錢購買，假設他說出「八日圓我就買」，也就是提出比成本還低的售價，那麼商品賣出去，反而讓公司虧兩日圓，造成商品依然無法販賣。

也就是說，在沒有一個市場參考價格，而是以買方與賣方之間交涉而決定價格的情境中，經由交涉決定的價格將成為售價，因此我們必須考量，如何依照此價格去做適合的生產方式，也必須依照該價格來改變製造的方式。

不只如此，也有相反的狀況。當我們要賣成本十日圓的商品時，由於前一位顧客只願意花八日圓購買，這時我們就會在拜訪下一位顧客前，開始煩惱如何與顧客議價。

不敢自己講出價格，因此直接提問「多少錢的商品您願意購買呢」，顧客回「十八日圓的話，我就欣然接受」。原本以為要以八日圓才能賣出去，顧客卻開價十八日圓，可以一口氣賺到八日圓。

此時，我們心想不能就此笑顏逐開，因此擺出一副很勉為其難的表情，然後對顧客說，「唉，雖然勉強，但我們還是願意接下」。

以顧客角度來說，原本他們應該是以為價格大約要二十日圓甚至是三十日圓，所以才會提出十八日圓這個數字作為議價空間。

像這種情況下，要如何決定售價就是一個難題，也因此我才領悟到，決定售價的方法其實有很多種。

自從這個經驗以後，我都在製造別人從來沒製造過的產品，因此我開始覺得，要以產品所擁有的價值來進行販售。即便我宣稱產品的成本是十日圓，倘若使用者不覺得有十日圓的價值，那麼顧客就不會願意購買。

反過來說，即使以十八日圓買下，對方依然會賺錢的話，那就表示，顧客認同這個產品有十八日圓的價值。也就是說，世界上既有認為我的產品只有八日圓價值的人，也有人認為我的產品有十八日圓的價值。考慮到這點，只要我們能製造出讓顧客帶來利潤的產品，那麼他們就會欣然購買商品。

在經營事業時，有想要薄利多銷，也就是大量生產便宜商品賺錢，以致適得其反的狀況；也會有因為將價格定得太高，結果賣不出去而倒閉的狀況。所以說，決定價格很難一帆風順，這既是經營的本質，也是一門非常深奧的學問。

7

經營取決於堅強的意志

——經營需要滴水穿石般的堅強意志

第七個原則是「經營取決於堅強的意志」，這是說從事經營，需要擁有滴水穿石般的堅強意志。

我認為，所謂的經營，就是由意志決定一切。偉大的經營者與平凡的經營者，兩者的差異在於，是否擁有這種強韌意志。

也就是說，所謂優秀的經營者，是擁有非常強韌意志的經營者。另一方面，平凡的經營者就只擁有不算堅強的意志。

所謂經營，就是會遭遇許多無法預測的要素。

就算我們設定事業目標，訂定今年的營收目標，同時預定將成本控制在一定程度，只是人不是神仙，不可能知曉下一秒鐘會發生什麼。有可能經濟變得不景氣，也有可能發生其他事情。

也就是說，不確定要素實在是多到不勝枚舉。而在這麼多不確定要素中，我們必須作為經營者召集公司的員工，宣布今年的營收目標是多少、成本又需要控制在多少，才能得到多少利潤，然後使得公司上下一心，共同為了目標努力工作。

然而，即便決定了目標，其中仍然包含了許多不確定要素。一年後原物料的價格會有多少波動、市場又是如何變化，像這些無法預測的事情，實在是多到令人難以捉摸。雖然如此，作為經營者，還是必須向員工告知自己打算如何處理利潤、如何控制成本；倘若是上市公司，還必須對證券公司、一般投資客、大小股東，也做出交代才行。

這些股東以及投資客，是因為相信經營者所說的話而購買股票。這種情況下，倘若我們作為經營者，卻說出「我雖然也打算這麼做，但是因為景氣變差，再加上美國發生恐怖攻擊，所以心有餘而力不足」等藉口，那豈不是只會給進行投資、購買股票的人帶來困擾而已嗎？

也就是說，雖然不確定因素非常多，但是自己訂定的目標就要靠自己達成，這才是當一位優秀經營者的絕對條件。

所謂的經營，便是對無法確定、尚未知曉的未來做出保證，並且對外表現出自己的願景。而這無疑就是一種「我想要這樣做」的主觀意志。

這種意志之中，可說沒有包含任何一絲的客觀想法。

因為所謂的經營，就只有經營者本人「我想要這麼做」的意志在其中。

經營一年以後所得到的結果，雖然是一種客觀而不爭的事實，但在經營的期間，整個營運依憑的事物就只有經營者的意志。也因此，若意志不夠堅強，那麼我們可說不配作為一個經營者。

所謂實際的經營，必須擁有如戰國時代武將般非常強而有力的執行力，以及強烈的意志力。倘若負責執行的事業部長無法執行，即便我們貴為總經理，也要不辭勞苦，親自跳到第一線來負責並且加以執行。

無論是公司、運動團隊或者是學校社團，身處集團中，想要一同做些什麼時，作為領導者的人，必須拉著整個團隊往前走，因此倘若沒有強韌的意志，將無法心想事成。

8 燃燒的鬥魂

——經營所需的強烈鬥志更勝於任何格鬥技

接下來的原則與前面有些類似，是「燃燒的鬥魂」。

從事經營時，特別是當公司股票上市的狀況，這種燃燒的鬥魂是絕對不可或缺的。

我總是宣稱，想要經營，就必須保持更勝於任何格鬥選手所擁有的強烈鬥爭心及鬥志才行。

近年來，女性的創業者愈來愈多。即便對於女性經營者來說，擁有勇氣也是一件非常重要的事情。

所謂的鬥爭心不是要我們打架，或者是對一切事物不服輸。

經營者在下決定時，不時會面臨必須做出攸關一、兩百名員工命運的裁決。有時候，甚至必須面對沉重到令人手腳顫抖，或者是壓力大得排出血尿般的巨大決定。

此時，如果我們沒有燃燒般的鬥魂以及激烈的鬥爭心，我們將無法做出如此重要的決定。

9

拿出勇氣做事
——不可有卑怯的舉止

十二條經營原則中的第九條是「拿出勇氣做事」，這同時也是指不可以有卑怯的舉止。

第七條「經營取決於堅強的意志」、第八條「燃燒的鬥魂」以及第九條「拿出勇氣做事」看起來相似，但每一條都是很重要的原則。

我在就讀鹿兒島大學時，曾經待在空手道社大約兩年時間，學習空手道，也因此養成了不大會害怕與人相爭的性格。

在經營上也一樣。下決定時的勇氣，可以說與肉體上的強韌有著難解難分的關係。我練習空手道而培養出肉體上的強韌，這點我相當自信，這在我日後經營方面，可說帶來莫大的助益。

也因此，我過去曾經奉勸我們公司的幹部，一起去學習空手道，或是由我來教他們空手道，以便同時培養出精神上的強韌。

這裡指的勇氣與鬥魂、堅強的意志，都是在自然界之中常見的東西。

比方說，野鳥在築巢養育幼雛時，不時會遭受老鷹等猛禽類飛來襲擊。

此時，母鳥就會不顧自己體型小，毅然與常理而言絕對無法匹敵的猛禽類對抗。就是指這樣的勇氣。

倘若沒有幼雛，野鳥可能因為恐懼而早早逃走，或者是畏縮不動。可是，像這種隨時可能遭到猛禽類攻擊的野鳥母親，只要擁有幼雛，就會毅然對抗自己敵不過的猛禽類。

有時候，母鳥甚至會飛離幼雛所在的樹叢，飛到反方向去，或者是假裝受傷飛不動，讓猛禽類的注意力放在自己身上並攻擊自己，藉此保護自己的小孩。

這裡所指的勇氣，就是這種義務感、責任感，可以讓本來溫和而缺乏勇氣的人，奮發拿出勇氣。

假使我們擁有一百名員工，就絕不能夠使他們失去生計。就算黑道找上門來，打算向我們勒索，我們也應該拿出被刺殺也絕不妥協的勇氣，因為我們擁有必須守護一百個人的家庭的責任感，而這種責任感鼓舞了我們的勇氣。

原本沒有膽識的人，透過這種義務感、責任感，一樣能夠改變自己。

如果我們沒有勇氣，至少也要當一個受到責任感與義務感驅使，而能鼓起勇氣守護整個團體的人，否則將無法擔任領導者。缺乏這種勇氣的人站上高位，對於整個團體來說只是一種不幸。

在想要開創事業時，並非所有創始者都是會打架、有膽識、有勇氣的人。

然而，既然想要擔任領導者，就必須從責任感之中鼓起勇氣，活出一種不管面臨何種困難都毅然面對的人生。

10 不斷從事創造性的工作

——明天勝過今天、後天勝過明天，不斷改進、改善並產出創意

第十項原則，就是「不斷從事創造性的工作」。

這就是指明天的自己要比今天的自己好，而後天的自己要比明天的自己更好，像這樣不斷追求改進、改善，並且持續發揮創意。

比方說，假設我們是一間向各間酒商進貨並販賣各種酒類的店家。近年來，酒類開放自由販賣，價格下滑許多，身為店家自然十分煩惱。倘若自己需要繼承家業的話，那麼更是苦惱不已了。

無論如何，只要持續做生意，早晚會遇到是否該繼續經營賣酒生

意的煩惱。

透過經營公司的經驗，我認為想要讓公司穩定發展，就必須要進行多角化經驗。以我來說，我原本製造陶瓷，只販賣給電子工業領域的客戶，但這也代表倘若電子工業一不景氣，我們的公司也將連帶蕭條下去。我想避開這種情況，因此便打算將陶瓷也賣到產業機械的領域去。

即便電子工業領域今年景氣不好，只要產業機械領域欣欣向榮地發展，那麼我們公司也將十分穩定。所以我才想要讓商品變得多角化，也就是製作更多品項的商品。

我所做的，便是透過陸續開發新產品，使得京瓷這個企業壯大起來。

京瓷總公司內部，有一間「京瓷新型陶瓷館」，倘若各位願意造訪內部就會了解，京瓷真的是陸續開發了各式各樣的新產品。這是創始以來一直持續做的事情，因此挑戰技術革新的風氣，可說都已經深植於公司員工的基因之中。

而這種風氣，其根本便來自於前面提到的「不斷從事創造性的工作」這種態度。

當我們一年三百六十五天，每一天都在思考創造、挑戰的內容，只要歷經一年，就可以發生驚人的變化。

為了讓人方便理解，我經常用打掃來比喻。

當我們想要打掃，就會考量今天我從哪個方向、用怎樣的方法掃地，那麼明天就試著從另一個方向打掃；或是用這種掃把不好掃，那麼下次就換另一種掃把打掃看看，也就是每天都會運用創意進行思考。

有人或許會以為，若像這樣三百六十五天都在創意思考，總有一天將會把事情都做完，而無事可做。但事實上，我們反而會去想是否有更好的方法，並且持續思考下去。思考到最後，我們將會抵達起先我們完全無法想像的境界。

無論是例行作業或是技術開發都一樣，像這樣每一天在工作中經常性地進行創造性的思考，就能夠達成無與倫比的重大技術開發。

現在，京瓷不只經手新型陶瓷，更涉及了太陽電池、通訊機械等各種領域的事業。京瓷的技術之所以如此廣泛，其實沒有任何個中法門，我們就只是做一些別人都以為不可能做到的事情。

而之所以有如此結果，便是因為我們每一天都進行一點一滴的改善，發揮創意精神，以進行令人注目的技術開發。

11

以體貼之心真誠待人

——做生意要考慮對方。買賣雙方互利互惠、皆大歡喜

第十一條原則，就是「以體貼之心真誠待人」。

我們想要做生意，必須要考慮對方。也因此，不只讓自己、也讓對方獲利，雙方皆大歡喜，是非常重要的一件事情。

到目前為止，我們已經針對具體的經營講解了十條原則，而把這些原則全部包覆在內的，則是身為領導人的經營者所擁有的包容心，也就是體貼。

認真而誠實的態度，是經營者應有的基本素質。「只要自己好就

夠」的自私想法，或是不誠實、缺乏誠意的人，這種人的經營絕對不會順利。

所謂的做生意，是一個契約社會，其基礎就是建立在信用之上。在契約社會中，誠實是一件無比重要的大事。

如果一個人的誠信遭到懷疑，契約就不可能成立。我們做生意是想要賺錢，而對方當然也是想賺錢，因此做生意必須連對方也一併著想。

江戶時代中期，京都有一名商人名叫石田梅岩。

石田梅岩出生於龜岡，他自小進入位於京都中心之室町西陣的和服中盤商工作，最後一路爬升至掌櫃。他在晚年創設了名為「石門心學」的講座，就像現在的我一樣，為京都的商人們講述經營的哲學。

江戶時代，也就是日本處於封建社會的時期，所有人被分為士、農、工、商四種身分。這種階級制度中，身分最高的是武士，其次是農民，再來是從事工業的人，最低階層則是商人。當時的商人身分最低，經常受到歧視。

此時，這位石田梅岩就把商人都召集起來，並且說道：「一般的武士與社會大眾都覺得，商人之所以獲利，只是靠著說謊來騙取利益，但事實上並非如此。我們商人賺取利益，就如同武士領取俸祿過活一樣，絕對不是什麼不正當的事情。可是，我們不可以偏離正道，做一些恥於做人的事情來求取利益，而是應該光明正大地追求利益。」

同時，石田又如此說明體貼之心：「真正的商人，不只造福自己，也造福對方。」意思是，所謂的做生意，並不是單方面我賺你賠、損人利己，而是自己賺錢的同時，也讓競爭的對手一併賺錢。

正如同石田梅岩所講述的「商業道德」，體貼之心是非常重要的東西。

有些人或許會認為，光靠體貼、包容心，無法在冷酷的經濟社會中活下去。

但就如同前面提到的，我們要在經營上付出不亞於任何人的努力，保持非常強烈的願望，並且燃燒鬥爭心且奮發努力，然而最重要的是，經營者必須在內心深處抱持著一顆體貼之心。

有一句話說「好心有好報」，我認為如果一個人不是真的擁有善良內心作為基礎，那麼無論他多麼勇敢、堅強又努力，也算不上是一位真正的經營者。

12

始終保持開朗樂觀的態度，懷抱夢想和希望，以坦誠之心處世

最後一項原則，便是「始終保持開朗樂觀的態度，懷抱夢想和希望，以坦誠之心處世」。

這對於經營者來說是非常重要的事情。身為經營者最重要的，便是隨時開朗樂觀，懷抱著夢想與希望，以「坦誠之心」來度過每一天。

站在領導位置的人，特別是對創業者來說，由於無法預知下一秒會發生什麼，所以必然會感到不安。然而，愈感到不安，領導者本人

就應該表現得愈開朗樂觀，否則無論有幾位員工，都將無法帶領他們前進。

所謂的「始終開朗樂觀」，其目的並不只是單純為了帶領團隊向前。擁有一顆開朗的心，好運才會隨之降臨。

一顆陰暗而煩躁的心，絕不會有好運降臨其身。工作與人生順遂的人，絕對不會擺出一副苦瓜臉給別人看。同樣的，對自己的人生抱持著夢想和希望也非常重要。

我大學畢業前，一直過著運氣非常不好的人生。但自從大學畢業後，我便開始告訴自己「我的未來一定非常光明燦爛，因為沒有人像我一樣拚命努力，所以神明一定也會助我一臂之力」，並說服自己如此活下去。結果，我真的得到了如我所想的人生。

也就是說，無論你現在身處何種逆境、無論你的遭遇多麼不幸，也不要對自己所處的環境感到絕望，而要相信有美好的人生在未來等待著自己。這是很重要的想法。

同時，最後提到的「坦誠之心」也是一樣重要。這聽來像是在對小孩子說教，但這個道理也適用於大人。

只有坦誠的心，才能夠帶來進步。倘若我們事事反彈，將無法學習到任何新事物。想要學習，必須要有一顆率直的心。也因此，不坦率的人絕對不會有所進步。反之，擁有一顆宛若小嬰兒般開朗直率內心的人，必然是一個年紀增長後依然能夠有所發展成長的人。

松下幸之助先生只讀書到小學四年級，可是正如他本人自述「我是靠耳朵學習的」，松下總是不吝於向他人求教。即便年事已長、地位崇高，仍然謙稱「我是個沒有學問的人，請你不吝教導我知識」，然後向許多年輕人請教各式各樣的學問。

正因為松下即便到了八十多歲的晚年，仍然不覺得向他人求教自己所不知的事情是一件可恥的事，時時願意坦率向他人學習，所以他才能建立並且經營如此偉大的公司。

所謂坦率的心，是一件非常重要的東西。特別是像各位這種今後才要大鳴大放的人，更是不可或缺之要素。

※本章節自二〇〇一年十月十日舉辦的鹿兒島大學工學部「京瓷經營學講座」的內容重新改寫而成。

第6章

稻盛哲學的力量

（出自鹿兒島大學稻盛學院）

重現四位「稻盛研究」專家的專題討論會

鹿兒島大學稻盛學院在二〇一六年舉辦的第四回講座中，正如本書第一章所收錄的內容，由稻盛和夫名譽會長舉辦了題目為「我現在想告訴你們的事」的基礎演講。除了演講外，在講座之中還由四位教授舉辦了題目為「稻盛哲學：要研究什麼，要教育什麼」的專題討論會。

此專題討論會，由分別研究經營人類學、哲學、企業倫理、管理會計學等稻盛研究最高權威的四位教授，針對稻盛哲學之所以重要的意義，進行了徹底討論。

擔任司儀的，是時任公立鳥取環境大學經營學部教授、京都大學名譽教授——日置弘一郎教授。日置教授提倡跳脫以往經營學架構，將經營學與文化人類學融合為「經營人類學」，堪稱是一門全新的學問領域。接下來，讓我們介紹另外三名與會人士。

第一位是麗澤大學大學院經濟研究科教授、經濟學部教授——高巖教授。高教授同時著有《與女高中生一起學習稻盛哲學——豐足社會與人生的方程式》，他將自經營哲學、企業倫理的立場進行討論發言。

接下來，第二位是神戶大學大學院經營學研究科教授——三矢裕教授。三矢教授著有《阿米巴經營論》、《阿米巴經營能夠改變公司》等著作，是日本研究阿米巴經營的權威，目前同時擔任阿米巴經營學術研究會委員長。三矢教授將從管理會計學的立場，討論以阿米巴經營為中心的稻盛研究。

最後一位，則是立命館MOT大學院教授、稻盛經營哲學研究中心長——青山敦教授。立命館大學的稻盛經營哲學研究中心成立於二〇一五年五月，該研究中心自經營學、哲學、心理學、社會學等各種學術領域，進行稻盛經營哲學的綜合性研究，並且大力推動經營哲學的普及化、一般化。此外，青山教授還著有《京瓷稻盛和夫　心靈經營系統》一書。

本章之中，將介紹稻盛研究最高權威的四位教授所進行的專題討論會。

〔日置〕我是公立鳥取環境大學的日置。我經常擔任這種公開講座的司儀角色，但聽到方才的基礎演講（收錄於第一章）後，實在感覺學生們提出的問題都直入核心。

今天我們舉辦的專題討論會，其成員可說非常優質，雖然每一位教授的研究領域都不相同，但都是在稻盛研究上有十足鑽研的學術權威。

一般說來，所謂的學者，就是擅長把很簡單的道理盡可能說得很難。不過，今天我想要給與會人士一個難題，那就是把很難的道理說得很簡單。

那麼，首先請高教授以「為何稻盛哲學可以推動社會」為題，為我們進行報告。

高巖教授：為何稻盛哲學可以推動社會

〔高〕感謝日置教授的介紹。在稻盛先生本人面前這麼說或許有點令人難為情，不過所謂的稻盛哲學，大部分內容便是人生哲學，或者是經營哲學。特別是今天承蒙稻盛先生所講的內容（第一章），可以說就是人生哲學精華中的精華。

不過，我個人倒是以這一種觀點來界定稻盛哲學，那就是「社會哲學」。

說到社會哲學是什麼，就是一門研究社會應該如何發展的學問，也是一種哲學。換種說法，就是思考哪一種社會才能讓生活其中的人變得幸福的學問。

這一門學問，雖然談論的是歐洲思想的內容，但事實上，中世紀的歐洲，完全沒有這一類討論社會應該如何發展的話題存在。

這是因為平民之上已經有教宗，還有國王及領主等，站在社會階級金字塔上層的這些人會發號施令，而整個社會就是依照這些號令以建立秩序。也因此，生活在其中的平民們，根本沒有必要去思考社會應該如何發展。他們只要聽命行事過生活，便已十分足夠。

這便是中世紀歐洲的特徵。時代發展下，當文藝復興時期到來，經過大航海時代，社會開始逐漸變化，例如發生了宗教改革，又發生了市民革命。經過這麼多發展，社會階級第一次開始鬆動，因為即便是位於萬人之上的國王，一樣被送上斷頭台斬首。

這麼一來，由於秩序的泉源已經消失，所以眾人開始從學術上討論社會應該如何發展，並且發展成一門學問，那就是社會哲學議論的起源。這門學問之中，出現過各式各樣的論點與學者，但最受到平民接納的說法，便是最簡單的功利主義。

功利主義造成意外的兩個問題

什麼叫做功利主義？其含意雖然與今天第一章提到的內容無關，但簡單說來，便是主張在不侵害他人自由的範圍內，去增加自己的快樂、徹底避開覺得不愉快的事情，靠著自己追求幸福，並且應該儘量追求下去。

從中世紀的壓抑時代獲得解放時，這種思想受到許多人的擁戴。更重要的是，雖說追求幸福，但這種幸福不是由他人來為我們隨意決定，而是由自己來決定怎麼樣才叫做幸福。這就是功利主義的中心思想。

作為一種政策，雖然在個人層面上我也不是完全認同，但假設功利主義已經在個人層面受到廣泛接受。那麼，若從社會層面思考功利主義，然後將這種思想用另外一種說法呈現，那就是大家常聽到的口號「最大多數的最大幸福」。這將會成為政治層面上的思想。

所謂最大多數的最大幸福，我相信在座很多朋友都很熟悉，知道這種思想的極限在於何處。沒錯，就是只要能夠讓整體滿足感愈高，便已經足夠。

假設目前在場所有人的滿足度為一〇〇。如果我採取某些方法，使得這個數字變成二〇〇，那麼就功利主義的角度來看，我做的事情就會在道德上被視為正確，因為我提升了在場所有人加總後的整體滿足度。

不過，這種思維其實存在著兩個問題。

這不是經過精確計算的例子，但我們可以看看過去的美國社會。過去美國驅使奴隸，奴隸過著悽慘的生活，而呈現負的滿足度。然而，由於奴隸的勞力使得在美洲大陸生活的人們，整體生活變得更為豐足、滿足度變得更高，因而即便加上負數的奴隸滿足感，所有在美國生活的人，整體加總起來的滿足度依然呈現正向，因此奴隸制度就宛如成為一種正大光明的好制度。

也就是說，功利主義形成了一種忽視少數派利益的思想。

不只如此，雖然利益增加確實不是一件壞事，然而功利主義思想在整個社會所得到的利益或是成果，究竟應該如何分配給社會成員的層面上，可說是完全付之闕如。

自由至上主義的極限在何處

面對功利主義的極限，作為社會哲學重新統整成形的思想，便是接下來我們要談的自由至上主義。

自由至上主義的想法認為，政府不需要想辦法讓國民的滿足度提升，只要將一切運作交給市場機制即可。

倘若交給市場機制決定，那麼就不再會發生忽視少數派自由與利益的狀況。即便身為少數派，也一樣可以自己自由做主，倘若遇到不想做的工作，也可以選擇不去做。

也因此，只要交給市場機制運作，少數派的自由一樣能夠受到保障。不只如此，如果交給市場機制自由運作，那麼努力的人就能得到努力的回報。倘若借用稻盛名譽會長的方程式來說明，便是以下形式：

工作的成果＝熱誠×能力

所謂工作的成果，便是來到世上、出了社會，只要從事工作，就會得到某些報酬。我們是如何得到社會中所能夠得到的東西呢？決定的關鍵，就是靠著每個人的熱誠與能力來進行努力。自由至上主義的思想即認為，這麼一來社會就能夠得到公正的分配。

然而，社會上進行的分配，並非隨時都是如我們所能接受的那樣公正無比。有些人明明沒什麼努力，卻得到很多，而我那麼努力卻正好相反。這種聲音我想各位一定都聽過吧。

面對這種情況，自由至上主義便認為，每個人應該行使自己的權利，將錯誤的狀況導向正確。

縱然如此，自由至上主義終究還是有極限的。

自由至上主義主張交給市場機制運作便能自由交易，其前提是每個人都能基於自己的自由意志做決定。然而，事實上是否真是如此，其實每個人的起跑點原本就迥異。

有些人原本便出生於富裕人家，也有些人出生於貧困家庭。不只如此，社會上還有優勢者，也有相對劣勢者。這些人在進行交易時，處於劣勢者往往必須被迫聽從處於優勢者單方面的要求。雖然我們對此感到憤恨不平，然而倘若我們不唯命是從，或許連工作也會丟了。

以這個層面來看，由於起跑點不同，若一切交給自由至上主義運作，將會造成貧富差距愈來愈大。這就是自由至上主義的極限，因為沒有真正基於完全自由的交易行為，只會創造出一個漠視弱者的社會。

我之所以這麼說，是因為社會哲學雖是一種談論「社會應該如此」的哲學，但是倘若我們照單全收，就會得到「果然，社會上成功的人，全都是因為既有能力又努力」的荒謬推論。

這個推論雖然在某種程度上沒有錯，但若反過來看，則會有人推論出另一種謬論——「你之所以失敗，全都是咎由自取」，因為「你沒有能力」、「你不夠努力」。從這個角度來說，自由至上主義一樣可能創造出一個冷漠的社會。

也因此，自由至上主義雖然乍看之下十分理想，然而一樣擁有極限。那麼，為了克服自由至上主義的缺陷，接下來誕生的思想便是社會自由主義。

社會自由主義中，政府協調帶有重大影響力

關於社會自由主義的內容，就是認為不應該交給市場機制自行調整。由於市場有所極限，因此政府應該在適當時機進場協調。若有社會地位上的弱者或者社會底層的人，政府就應該對他們伸出援手，盡可能將他們往上拉。

此外，財富與所得交給市場自行調整將會產生不公平，因此政府會對所得多的人收取較多的稅金，也就是我們所知的累進稅制。繼承遺產時，也同樣自財產多的人身上收取更多的遺產稅，使得市場上的財富能夠重新分配。以上的思想，便是所謂的社會自由主義。

至於這些社會哲學中，何者較為優異，那就留待各位自行判斷。

如果以方程式來表示，所謂工作的成果，在自由至上主義中，就是熱誠×能力；社會自由主義中，則要再加上一個「政府調整」。雖

說相乘表現看來有點奇怪，不過大致就是以下模樣：

工作的成果＝政府調整×熱誠×能力

這裡所謂的調整，便是政府自高所得的人收取更多稅金，然後再將收到的稅金拿去執行預算，也就是在社會中進行再分配。用這種方式建設社會的方法，就是社會自由主義。

社會自由主義的內容，還有另外一個層面的問題，那就是政府不一定真的會進行公正的調整。倘若有很多人覺得政府沒有善盡職責，每個人就會行使自身權利，指出國家的錯誤以推動政府做出改正。這就是社會自由主義的思想。很遺憾的，這裡提到的自由至上主義以及社會自由主義兩者，為包含日本在內的全球各國帶來極大的影響。

那麼，說到社會自由主義是否沒有極限，答案當然是有的。政府從高所得者收取稅金，但倘若沒有善加調整而課以過度重稅，社會將會失去活力。

再來，政府過度膨脹也是一個問題。日本人總以為政府就算權力集中似乎也不會發生什麼太大問題，但從世界角度來看，以發展中國家或新興國家為例，當政府權力過大，就會造成舞弊。

比方說奈及利亞這個國家擁有龐大的石油收入。

奈及利亞的國家預算也是依據其龐大收入編列，但前幾年反政府武裝組織「博科聖地」（或譯「博科哈拉姆」）曾經在二〇一四年綁架了將近三百名女學生，不知這個事件大家是否還記得？

當事件一發生時，奈及利亞政府馬上編列了應變預算，並且在編列預算的同時，也實際將士兵送到前線，準備解決此事件。然而，前線的士兵卻苦於武器與彈藥不足。

這是由於當預算一編列，該國的政治家與官僚等，便會由上而下逐一中飽私囊。也就是說，當政府變得大權在握時，就容易發生這種事端。因此，是否政府權力愈集中，就愈能創造好社會呢？這個問題當然不是如此單純。

想要克服這些極限，該如何做才好呢？面對這個疑問，最常聽到的便是「果然政府主導是不好的」、「應該交給市場決定」。

自由至上主義與社會自由主義水火不容

自由至上主義與社會自由主義這兩種主張，可說有如水與火一樣互不相容，雙方都互相批評各自的主張。不過，即便互相批評，假設社會運行順利，那麼就不成問題，也不需要特別加以議論了。只可惜，並非如此。

這兩種主張在某一個國家可說是明確對立，那就是美利堅合眾國。簡單來說，前者便是共和黨，後者則是民主黨。

共和黨與民主黨分別站在自由至上主義與社會自由主義的立場，而這一點對於歐洲來說也是如此。在日本，雖然自民黨的勢力較為強大，但是也有另一個對抗政黨——民進黨（編按：於二〇一六～二〇一八年間存在，後黨內自由派出走另立立憲民主黨）。

無論是哪個國家都處於類似狀況，不過讓我們先以美國為例說明好了。

對於所得的落差，我們會以一種稱為基尼指數（判斷一個社會所得分配是否平等的指標）的數據來判斷，其數值落在〇到一之間。當這個數字超過〇．四，這個社會便會一瞬間呈現不安定的狀態。目前美國已經來到〇・三九，可說已經處在問題邊緣，也因此貧富差距的加大，正是美國當前面臨的嚴重問題。

不只如此，還有治安惡化的問題，而這也與貧富差距擴大有著密不可分的關係。

自從二〇〇一年美國九一一恐怖攻擊事件以後，人民變得連鄰居也不能相信，因此監視攝影機與偷拍問題層出不窮。至於全球性問題，則還有ＩＳ（伊斯蘭國）的興起。

可以說除了美國國內問題以外，還交雜了全球保安的問題。

再者，美國社會是以每個分離個體集合而成為社會的前提形成，因此當個人與個人之間發生某些糾紛時，就必須留待於司法的場域進行解決。只不過，由於有錢的人多半能在裁判中獲得勝利，因此這種社會是否值得我們景仰，又是另一個問題了。

由於既往的社會哲學無法解決問題——或許正因為如此，才會使得唐納．川普竄起並當選美國總統。

既有社會哲學共同擁有的三個前提

接下來的話是最重要的。經過前面討論，我想告訴大家的是，倘若僅憑既有的社會哲學無法解決問題的話，那麼就應該要有一種全新的社會哲學才能加以應對。

若從此角度來談，先前我們已經舉出兩種既有的社會哲學，兩者其實都擁有共通的前提。至於新的社會哲學——也就是有別於上的第三種社會哲學，就必須成立於與既有前提完全不同的前提之上才行。

那麼，過去的兩種社會哲學共通擁有的前提又是什麼？

有三個前提。第一個前提是，社會是由每一個獨立個體所組合而成，並以此為前提去思考社會應有的方向。無論是自由至上主義或是社會自由主義，都是建立在此前提之上。

第二個前提是，我們不應該提倡任何特定價值觀的好壞。這是為什麼呢？因為假設某些特定人士去提倡某種特定的價值較好，就會為社會帶來不公平。

簡單來說，這就是共產主義。當他們宣稱共產社會最好，並且揭示某個明確、特定的價值後，提倡該價值觀的人便自然形成了獨裁。所以不應該提倡特定的價值觀，便是第二個前提。

接下來則是第三個前提，也就是剛才已經提過的，倘若無法得到自己內心所冀望的結果時，便可以行使自己的權利，在數年內進行結算。

上述我們已經提到三個前提。那麼，取代或是補足這兩種傳統哲學的思想究竟是什麼呢？那就是擁有與這三點不同前提的哲學。

稻盛哲學擁有補足既有社會哲學之極限的新觀點

方才我講了好長一段前言，而這種新哲學便是稻盛哲學。限於時間場合無法細談，不過簡單來說，稻盛哲學可說是與亞里斯多德哲學非常相似。稻盛哲學與亞里斯多德哲學，都是以人是整體關係之中的其中一人這樣的角度，來看待每一個人，而不會將每一個人看作是孤伶伶的個體。

所以說，必須思考我們身處在與他人的關係之中，應該做些什麼。不只如此，還有提倡的特定價值。也就是在方程式中特別看重的「良善想法」。

當然，當我們這麼說時，就會有人提出疑問：剛才談到自由至上主義與社會自由主義的第二個前提是「為防止獨裁，因而避開宣揚特定價值觀」，那現在豈不是與之牴觸了？若有這種疑問的人，請來找我，我會好好與你說明，稻盛哲學中所談到的特定價值觀，與該等議論是不能混為一談的。

至於第三個前提，也與前面提到的「倘若無法得到自己內心的結果時，便可以行使自己的權利，在數年內進行結算」有所不同，而是在漫長的人生之中，即便面對各種困難，仍然透過這些磨練，去接受並跨越困難，然後到了最後才進行結算。

剛才說的這些話，便是稻盛哲學的精華。若寫成方程式，便是以下的形式。

工作的成果＝思考方式×熱誠×能力

不只如此，名譽會長更在「工作」的前面還加上了「人生」。

人生、工作的成果＝思考方式×熱誠×能力

因為我們提到工作的成果，那麼當然會以較短暫的角度來思考事物。

可是，稻盛哲學中卻是「人生、工作的成果」，我認為從社會哲學來看，這可能算是一個新的觀點。光是這樣，就讓我覺得稻盛哲學能夠充分彌補傳統社會哲學的極限。

〔日置〕非常感謝您為我們分享。接下來，我們想請三矢先生發言。請多指教。

三矢裕教授：由管理會計學角度分析阿米巴經營的精髓

〔三矢〕今天，我將針對稻盛先生所創建的阿米巴經營，從我個人專攻之管理會計學的立場進行說明。

雖說是阿米巴經營，要怎麼看待則是因人而異。

二十多年前，打從在研究所開始研究阿米巴經營以來，我就一直著眼在「委任經營」這一點上。稻盛先生不只創建京瓷、ＫＤＤＩ，之後在日本航空更是藉由了不起的經營手法，創造出耀眼的成果。

話雖如此，如此規模的大企業，並非由稻盛先生自己一人管理，同時做出經營判斷。

稻盛先生了不起的地方，就在於委任方法。他在公司內部將員工分為十至數十人的小組織，稱為阿米巴，將該阿米巴的經營交給其組長。接著，在進行阿米巴經營的前提下，在公司之中培養出無數能夠與自己一樣思考並予以判斷的領導人才。

想要培育領導人，首先必須制定反映經營者思考的哲學，並且將之教育給員工。不過，就算在公司的朝會等場面反覆唱頌哲學內容，在實務現場也不知道該如何具體決定意思，並且如何運用在實際活動之中。

這時我們就必須要運用巧思，使得委任經營變得更好運作。其中一個方法是管理會計，另一個則是組織。我認為，將哲學、管理會計、組織成功組合在一起執行委任經營這一點，就是阿米巴經營與其他經營手法最為不同的地方。今天由於時間有限，我想要特別針對阿米巴經營之中的管理會計進行說明。

透過內部管理用的會計經營，可以創造出每間公司的差異

首先，說到管理會計，我想應該也有人不是很熟悉。一提到會計，大家第一時間想到的，應該就是股東會等發表的財務報表。那稱作財務會計。

財務會計，便是為了向股東、銀行等公司外的相關人士，在一定期間內，比方說四月到隔年三月（譯註：日本公司會計年度），針對過去公司所做過的活動成果，進行報告的會計。

倘若每間公司都以不同形式進行財報，觀看的一方將會十分辛苦，因此其形式必須依據法律規定製作。財務會計最重要的便是正確性，倘若隨意竄改內容，就會形成會計詐欺，甚至成為社會問題。

另一方面，為了內部管理所用的會計，則是管理會計。對於經營者或部門的管理者來說，倘若使用會計數據進行計算，便能夠分辨出A案與B案，哪一個投資案可以讓企業獲得更好的成長，也因此更好做出實際決定。

除此之外，還有另一層面是管理業績。透過數據與業績評價連動，並將本期的銷售目標或刪減成本定在具體數字的話，大家便能夠為了達成該目標值而做出努力。

所謂的管理會計，由於屬於公司內部事務，所以不會受到法律限制，只要對公司內部有用、有益，怎麼改變形式呈現皆可。

比方說，每個月的業績累計若想要正確進行，將會十分花費時間，並且影響到公司做決定的速度。在管理會計之中，有時候即便多少犧牲正確性，也要追求適時性——也就是速度。

也就是說，每間的管理會計制度都有所不同，而這種不同便創造出了企業能力的差異。

誰都能簡單運用的阿米巴經營管理會計

阿米巴經營管理會計的特徵，就在於這是為了讓委任經營更好進行的制度。在場的朋友之中，或許也有人學過簿記。不過，一提到會計這兩個字，我想大部分人抱有的印象就只有其規則十分囉嗦的感覺吧？

這種傾向，在美國企業中可說尤其典型。在美國，管理會計一般被認為是取得ＭＢＡ（經營學碩士）的極度優秀人才，或是企業高層所使用的專業工具。

相反的，對於沒有特別接受過經營或會計教育的人來說，由於會計非常困難，因此一般公司基層都不知如何加以利用。

對於不會使用的人，就算給予會計資訊也沒有任何意義。換句話說，這等於直接對公司基層說，「你們不必決定任何事情，只要將高層決定好的事情，照著決定好的方式去做就夠了。」

阿米巴經營則是與上述方法相反，每一個員工都是主角。

稻盛先生經常受稱道的一件事，就是他宛若將自己的頭髮拔下來一吹，就會出現許多他的分身一樣。

這些分身會在公司的各種事業以及各地的工廠之中，彷彿代替稻盛先生一般作為領導人，做出經營上的大小決定。

這裡所謂的領導者，也包含在基層第一線工作的作業人員等。既然如此，我們就需要一種就算是基層人士也能夠運用的管理會計。

稻盛先生本人是一位畢業於鹿兒島大學工學部的工程師，當然沒有研讀過會計學。也因此，他才會開始尋找任誰都能使用的管理會計。可惜他最後並沒有找到這種東西。令人驚訝的是，稻盛先生竟然自己創造出為委任經營所用的管理會計。

稻盛先生的管理會計，是一種單純又簡單、就像是家計簿一樣的東西。

在一般家庭中，即便是沒有學過簿記的家庭主婦，一樣能夠記家計簿並且加以運用。比方說，假設一個月買了三十瓶啤酒，其中二十瓶喝掉了，所以還剩下十瓶。

這種情況中，如果依據一般會計規則，這個月的費用就只有二十瓶。至於剩下的十瓶，將會被放到庫存的項目之中。

不過，這種狀況將使得程序變得有些複雜。包含我家在內，在家計簿的領域之中，當我們買了三十瓶啤酒，那麼不管我們有沒有將全部啤酒喝掉，本月支付的啤酒費用就是三十瓶的費用。相反的，「下個月可以買少一點，所以啤酒費用將會變得更少」這樣的想法，在手續上就簡單許多。

在家裡雖然這樣便已足夠，但在公司之中便顯得不夠精確。然而，稻盛先生的過人之處，便是將這種類似家計簿的性質也帶進公司之中。在京瓷，無論是菁英人士或是基層員工，都能夠運用這種家計簿性質的管理會計來做出決定。

一種單純而容易理解、無論是誰都能簡單使用的管理會計，我認為堪稱在管理會計的世界之中所發生的一個偉大革命。

阿米巴經營的當日結算，能夠在忙到忘掉前就立即進行反省

另外一個值得讚賞的地方，則是當日結算。

大多數的公司，每個部門的會計數據都是以一個月為單位，只在每個月的月底進行結算。比方說若是九月，雖然已經過了月底，實際統計結果還是要等到大約十月十日左右才能出來，並且在之後舉辦會議。此時，假設九月的銷售成績抵達當月目標的基準，這時帳面上便會記載為正負零。

既然與目標絲毫不差，乍看之下似乎一帆風順、毫無問題。然而，若我們以每日為單位觀察，搞不好會發現第一天超過目標十萬日圓，第二天則是低於目標十萬日圓，並在之後一再反覆出現這種傾向，例如第三天以後又是超過十萬日圓、低於十萬日圓。

雖然以每個月來結算，整體數字並沒有落差，但盈餘的日子以及赤字的日子，其實都應該有個中原因才是。

然而，由於數字的黑字和赤字會因為加減而互相抵銷，如果以一整個月進行回顧，就沒有辦法發現哪裡出現了問題。也就是說，對於不是菁英分子的一般人來說，這種統計方式將難以運用。

阿米巴經營運用的則是當日結算，也就是將前一天的結果立即反饋到下一天。如此一來，就可以注意到「今天竟然呈現赤字」，然後思考「哪部分出現了問題」。由於大家一定都還記得昨天工作的內容，因此就可以回想起昨天一整天的工作流程，然後發現「啊，原來是該環節出了問題」。理由有很多，可能是機器操作出了點問題，也可能是沒能對顧客好好銷售。

透過此方法，我們便能夠「注意」到問題。一旦發現問題點，那就簡單多了，因為接下來只要把問題解決就行了。此時，隸屬於同一個阿米巴組織的成員們，便可以互相提出辦法，以找出改善方案。

當然，說的比唱的好聽，如果沒有實踐都只是紙上談兵而已。

雖然提出改善方案，但是否能實際順利進行，誰都說不準。也因此，隔天便要採用該方案去工作，或許也可以說是實驗換一個新方法做事。

結果，隔天還是得到了赤字。這麼一來，就表示第一天的做法不對，第二天的做法也不對，那麼就必須去思考更多其他的做事方式。

想出更新的方法後，好不容易在第三天終於獲得了盈餘。也就是說，這個實驗成功了，終於找到正確的答案去解決問題。自此之後，只要到月底都不斷採用這個正確的改善方案，應該就能夠持續獲得盈餘了。

前面已經提過，若是一個月檢討一次，則赤字黑字就互相抵銷，因而看不到問題所在，想要找到解決方案更是難上加難。與此種狀況相比，每日結算藉由將每天活動細分出來，不但使得我們更容易找出問題所在，同時又能夠實際進行實驗，嘗試自己的新做法是否可行，以便找出正確的解決方案。倘若採用這種方法，我認為無論是誰，都將能夠做出正確的決定。

距今二十年多前，我曾經在京瓷的鹿兒島國分工廠聽到基層的阿米巴領導人說，「若沒能夠在忙到忘掉前就進行反省，怎麼反省也都是無濟於事。」

只要使用阿米巴經營的管理會計，即便不是菁英分子的基層人員，也能夠發揮自己的力量，使得組織整體的效能提升。

「即便非菁英分子也能簡單運用」，這一點非常值得玩味

統整上述內容，無論是像家計簿的部分，或者是當日結算這一

點，稻盛先生正是以委任管理作為前提，創造了一種即便非菁英分子也能夠簡單運用的管理會計。這一點對專門研究管理會計的我來說，可說非常值得玩味。

除此之外還有一個不同之處。大部分公司都會舉行一個月一次的業績檢討會，而這個會議正如同字面上所示，是用數字來確認業績是否真的良好，倘若業績不好的話，就要在會議上檢討今後應該如何應變。

我曾經多次前往JAL以及以鹿兒島機場為樞紐、運航螺旋槳機的日本空中通勤（譯註：提供接駁服務的日本航空子公司），並且觀摩其會議進行。會議中令我印象特別深刻的事情，就是司儀在會議一開始就明言，「這是一場為學習領導者應有姿態而展開的會議。」

一般說來，人才培育以及教育都是人事部門的工作。像這樣將業續檢討會議與管理會計使用在培育與學習上的公司，放眼全世界，大概也只有京瓷與ＪＡＬ是如此吧。

以上是我針對阿米巴經營、管理會計的角度，為各位做的報告。稻盛先生的哲學不是一種哲學家所思索出來的東西，而是一種由經營者所構想出來的東西。

不僅如此，這還是一種實際被使用在經營第一線的哲學，也可以說是一種實踐哲學（philosophy in practice）。

想要理解稻盛哲學，還是必須從經營的脈絡切入，理解在何種狀況下為何者所運用。我的發表倘若能夠在這方面為大家提供資訊，使大家更加了解，我會感到十分榮幸。

〔日置〕非常感謝三矢教授。那麼接下來，請第三位青山教授為我們發表。

青山敦教授：何謂稻盛經營哲學研究中心

〔青山〕我是立命館大學稻盛經營哲學研究中心的青山敦。這一間稻盛經營哲學研究中心，不是只由我所負責，立命館大學以及立命館的高中、中學、小學也都參與其中，是一個立命館學園整體的活動，因此我想藉此機會為各位介紹研究中心的整個架構。

首先，稻盛經營哲學研究中心有兩個主要特徵。第一個便是：這是一間擁有使命，而且還是擁有明確使命的研究中心。

方才高老師在報告中提到貧富差距擴大，以及國際紛爭、國內治安惡化等各種現今面臨的課題，我們也有著相同的危機感。

高老師剛才也提到，像這樣在現代文明已面臨危機的認知下，大家開始有一個共識：若有一個新的社會哲學，是否將能夠實現「良善社會」的理想。而稻盛名譽會長所提倡的哲學，或許正是能夠擔任這一個新社會哲學的存在。基於這一種想法，我們便針對稻盛經營哲學進行研究，希望能夠使之更普及化、一般化。

至於第二個特徵，則是我們也身體力行，目標為透過實際的研究與教育，進而推動社會。我們並非單純閉門造車研究，而是更想確實創造出一個以稻盛經營哲學為基礎的社會。

為了這個目標，基於稻盛經營哲學的新型經營、新型教育以及新型社會，又將是什麼模樣呢？而想要實際以制度來實現，又該如何是好呢？或者說，這又會是一個什麼樣的制度呢？這些問題，全都是我們研究的課題。

不只如此，我們還希望能培育出支撐如此新社會的人才。也就是說，我們不只是研究，更要超越研究，目標是基於稻盛經營哲學的社會付諸實現。這兩點便是本研究中心的特徵。

接著向大家揭示我們進行研究之基本方針的三個方向。

第一個方向，便是由稻盛名譽會長的經營哲學角度切入，探討企業經營。第二個方向，則是從社會哲學的觀點來看市場經濟。第三個方向則更為基本，是由根本性的人生哲學，來探討人活著的方法以及思考方法。從這三個方向來進行研究，便是我們研究的方針。

為了實際執行這些研究，我們首先針對重要的研究主題，都是由我們研究中心主導來進行研究。

另外還有一點，我們非常看重的便是，基於稻盛哲學的社會與教育，絕對不能是僅適用於日本國內的。

很多問題不只發生於日本，更發生於世界各地，因此我們希望能夠將基於稻盛經營哲學的研究，也推動到國際上，使之獲得國際廣泛的認同。

為此，我們推動了各種跨國合作的研究計畫。比方說，美國的凱斯西儲大學以及英國的紐卡索大學，都與我們共同推動研究計畫。

像這樣基於研究成果開發及提供教育課程，並且加以實踐，便是我們研究中心的基本方針。

想要以研究推動社會，必須要普及化、一般化並且有教育

接下來，我們要針對如何進行整體性研究，並將之應用於推動社會來加以說明。首先，將稻盛經營哲學研究所需要的資訊有條理地

整理出來，便是基本原則。接著再從經濟學、經營學、心理學、腦科學、哲學等各種學術領域來進行研究。然後，正如稻盛名譽會長所說，社會之所以發生治安惡化或貧富差距加劇，就是因為基於不正確的「想法」發展，至於為何變成這種狀況、又是哪裡不好，就是我們需釐清的焦點。由於人格便是基於「想法」所塑造出來的，因此我們也會明確指出這些「想法」與人格之間的關係。

當然，我們也覺得必須更深入了解稻盛名譽會長的哲學，並且基於更深的了解，使得稻盛經營哲學更加普及化、一般化。

另一方面，基於稻盛經營哲學的社會與教育、制度會是什麼模樣，我們則要以市場經濟、企業經營、人的生活方式與思考方式這三個方向加以釐清。

不只如此，為了實現上述理想，我們也在思考設計教育課程，以培養出擁有「利他」、「知足」等想法的年輕學子。這些年輕人將一肩挑起新的社會，但這不能僅靠大學以及大學以後的高等教育機關，而是必須從小學、中學、高中等更基礎的階段，便開始培養心性才行。

我想要更具體說明一下。

首先，我們的研究是從哪個部分開始的呢？

第一個部分是針對企業經營的研究，透過在京瓷、JAL、KDDI以及盛和塾的成員之企業等組織的實踐，探討為何基於稻盛經營哲學的經營十分扎實，為何能夠在帶給員工幸福的同時，又能確實提升利益；為了達成這些目的，又是如何讓理念滲透整間企業，使公司上下共享同樣想法。

此外，所謂的稻盛經營哲學，扎根於日本傳統的倫理觀念，因此想要將之推廣至全球各國，就必須讓其理論，滲透至價值觀或倫理觀念都不同的國家或區域，因此我們也針對是否可行而進行研究。

第二個部分的規模更大，是思考如何拯救現代文明。今日的全球化以及新自由主義，不是依據「良善想法」，而是扎根於「邪惡想法」，我們想要藉著釐清現代文明思想的極限以及缺陷，壓抑過度膨脹的利己思想，進而提示如何打造一個同時實現競爭活力與利他思想的市場、金融以及經濟架構。此外，今天在會場上也有聽眾發問「要如何才能擁有利他之心」，我們也想要透過人類的腦科學或神經科學的觀點，對利他思想進行釐清。

關於第三個部分，方才高老師也提到，不應支持特定的價值觀，而資本主義原本就與價值觀、道德觀念擁有密不可分的關係，因此究竟什麼才是「良善想法」、「良善價值觀」，我們希望能夠從哲學性觀點來進行研究。

最後一個部分是人的生活方式、思考方式，我們想要透過尋找稻盛名譽會長的哲學與其他哲學之間的相關性，釐清其本質並廣泛地啟蒙大眾。

接下來，則是教育和人才養成，這必須要先開發教材才行。然而，即便有好的教材，倘若傳授的老師並不了解稻盛經營哲學，那麼仍然是枉然。也因此，我們舉辦了許多課程，好讓每個教育人員都能理解其精髓。目前，我們正以立命館的附屬學校為中心，推動基於稻盛哲學的實驗性教學，希望透過推廣這種教學，使得其他學校的經營者以及老師，也能夠理解稻盛經營哲學。

此外，我們也從事將利他思想等稻盛名譽會長的想法，教育給孩子們的各種活動。

這些活動，就是為了讓小學生培育出利他之心。以立命館小學的道德課為中心，我們一邊思考要用什麼樣的教材，才能培育出關懷他人的利他之心，一邊將思考付諸實踐。此外，幼童期教育對形成人格有重大影響，因此我們也針對幼童開發教育課程，旨在將既往的班級活動轉換成為更為充實的「阿米巴活動」。

接下來，在中學裡，作為復原力教育（或譯韌性教育）的一環，我們也向中學生們傳授稻盛名譽會長的人生經歷。

所謂的復原力教育是什麼？人活在世上，總會面對各式各樣的逆境。

稻盛名譽會長也一樣，不僅在中學考試遭受挫折，大學考試又再次失敗，甚至在找工作時也不十分順遂。也因此，我們可以從他的人生之中，學會究竟應該如何從逆境中重新站起。

最後，針對高中生，我們以ＪＡＬ的改革為基礎，促使學生去思考在職場中什麼叫做工作，而工作又有什麼意義。

四位教授心中所想的「利他之心」

日置　那麼，最後針對稻盛名譽會長的演講之中提到的關鍵字「利他」，我想要請四位分別更詳細為我們說明一下。第一位有請高先生。

高　我想在場各位都已經很清楚，在人生與工作的方程式之中，存在著思考方式這一個變數：

人生、工作的成果＝「思考方式」×熱誠×能力

所謂的熱誠與能力是一種正向數值，稻盛名譽會長雖然經常以一至一百來進行說明，不過我覺得簡單設想成一至十也沒有問題，也就是熱誠的幅度從一至十，而能力也是從一至十。

即便我們能力只有一，倘若熱誠有十的話，兩者相乘下來便會變成一個龐大數字。至於思考方式，則有好的思考方式與壞的思考方式，其中前者當然便是指利他的想法。我想補充的只有這一點。

日置　三矢先生，接下來請您發言。

三矢

稻盛哲學之中特別重要的便是「利他」，因此我想要談談「京瓷哲學」以及「管理會計：每小時結算」之間的關聯性。

在一間大工廠之中，以一般做法來說，都會將全體員工的效能一起計算，然後視為該工廠所需要的成本。

另一方面，在阿米巴經營之中，一個大組織會被層層切分為多個小型的利益中心，然後每個阿米巴組織之間都會互相進行買賣。

也就是說，一間龐大的公司之中，將會產生無數個宛若小型地方工廠的組織結構。

由於每一項工程都攸關成員們的生計，因此每一個人都會拚命努力。

在這種狀況下，過去只被當作數字看待的業績，一旦加入了管理會計，所有實際內容都昭然若揭。

每一個人與其他部門相較之下，便會分出勝負。在組織成員們都很拚命的狀況下，大家將努力提升自身的業績。

不過，在這種情況中，最容易發生的行為，便是即便造成他人困擾，也要一意孤行提升自己個人的業績。這種行為有時會被稱為「部門最佳化」（譯註：意指該部門效益達到最高，但因此可能損及公司的整體效益）。

我個人認為，所謂的阿米巴經營，就像是一種超大馬力汽車的引擎。

比起其他業績管理的架構，阿米巴經營能夠創造出相當高的利益，也能打造一間好公司，可說是一種大馬力的引擎。

然而，車一旦擁有引擎，同時一定也會擁有剎車。倘若沒有剎車的話，面對彎道時，我們便會因為害怕事故而無法全力發動引擎。

阿米巴經營會將阿米巴的運作交給個別領導人，而哲學，特別是利他思想，則會發揮剎車的作用。

當全體成員之中，即便出現受到誘惑而只想優先落得個人利益的人，利他思想也會告訴我們不應該如此自私。

比方說，JAL內部有一句話叫做「完美的接棒」。駕駛員將一架飛機開上天空，然後交接給機場部門的負責人員。為了讓該飛機重新起飛，維修人員也會十分努力。重點在於，每一位員工的努力固然重要，但是將每一位成員的想法串聯在一起，則是更重要的事情。

管理會計倘若因為過於追求每一個人的業績，因而將之完全與成果主義進行連結，很容易就會陷入部門最佳化的狀況。

在這種狀況中，利他思想可以作為煞車發揮作用，讓單一部門不會只想追求自己部門的利益，而會顧及到公司整體的利益。

日置　那麼，輪到青山先生了。

青山　我認為，與其談利他是什麼，更重要的事情應該是去培育能夠實踐利他的人才。

我在兩週前剛訪問了英國的牛津大學。牛津大學與本次演講開頭也提到的稻盛財團目前正在協調，打算在牛津大學舉辦京都獎的頒獎典禮。

我造訪該地，詢問牛津大學為何會關注京都獎且想要合作？他們回答：諾貝爾獎基本上是頒發給擁有優異成果或偉大發現的人，然而京都獎在遴選獲獎者時，不只考量候補者的業績，同時也考慮其人格與人品，而這就是京都獎了不起的地方。

這些獲獎者都是科學或藝術等方面的領導人，而從他們身上一定可以看到某些利他的特質。

也因此，他們認為可以直接向這些擁有利他特質的優秀人才學習。我認為這是非常重要的一個想法。

日置　謝謝各位提供寶貴的意見。對於利他這個概念，我個人覺得還可以再延伸解釋一下。

比方說，投資這種行為在很多人眼中，怎麼看都像是利己的行為，然而在十八、十九世紀資本主義初誕生時，其實帶有相當濃厚的利他色彩。當時的金融商品大概只有國債，因此大家想要投資就會購買國債。然而，當時各國發行國債的最主要理由，是為了籌備軍費以準備戰爭。

由於用國債來籌備戰爭用的軍費，若國家輸了戰爭，國債的價格也會隨之暴跌。儘管如此，國民仍然大力投資於國債之上，便是因為這算是某種形式的社會參與，同時也帶有支持國家的意義，因此可說是一種非常利他的行為。

股份公司也是一樣。民眾之所以購買股票，是因為認同該公司所做的事業，因而想要灌輸資金給該公司進行事業。也就是說，投資原本是一種屬於利他的行為。到了今日，我們則很難想像有人會基於利他考量來投資股票了。

不過，我們或許可以回到原點重新思考一次。在制度上，現今市面上充斥著各式各樣的金融商品，這些金融商品與事業沒有直接的連結，而只是單純的數字上下跳動，我們也只是依據數字來進行投資。也因此，現在的投資怎麼看都只能說是一種利己的行為。不過，或許我們可以試著讓投資的本質回到出發點，然後讓利他的投資在制度上重新復活。

反過來說，想要回復利他，或許可說同時也是一種制度上的問題。

本來所謂的股份公司，就是提供社會必需的事業，並且透過販售商品或服務，來讓自己同時獲得利益的存在。

也就是說，資本主義原本應該有的模樣，便是從事有助於社會的事業，至於利益，只是幫助社會的結果下獲得的副產物。然而，現在的資本主義已經變調。理由非常簡單，因為現在就算不販賣商品也能賺錢，而這些便是我們隨處可見的衍生性金融商品。現在的金融制度，已經打造了一個確切結構，只要透過販賣權利或是透過類似管道，就算不販賣實際物品，錢也會自動滾進購買者帳戶。

正因為如此，現在一提到成立公司，就會出現很多單想透過股票上市，賺取大把鈔票的企業家，例如過去我們俗稱的「六本木摩天族」（譯註：指在日本東京高級商業區六本木營運新興ＩＴ或金融產業的億萬富豪，或衍生為有錢的新興上流階級）。

然而，一間公司的初衷不該只是賺錢，而應該是要做對社會有所助益的事業。我們應該思索，如何建構一個能夠讓所有人重新認知公司存在初衷的社會架構。

從這個角度來說，剛才三位教授都各自提到對於利他不同角度的看法，但回過頭來看，最終大家追求的理想，可以說都是殊途同歸。

也因此，我個人認為，稻盛哲學的核心價值可以定義為：透過各種管道，讓企業最終回歸於健全，或是讓企業朝著健全的道路發展。

以這點來說，今後鹿兒島大學稻盛學院整體，也將把目標放在如何達成上述理想社會的研究，持續進行各式各樣的研究。

※本章節自二〇一六年九月三日「第四回稻盛學術講座」的內容重新改寫而成。

後記
鹿兒島大學稻盛學院之挑戰

本書出版的契機，便是在二〇一六年的稻盛學術講座之中，稻盛名譽會長親自接觸鹿兒島大學的學生、研究所生以及留學生，並傾聽他們的話語。當時演講的主題便如本書第一章所示，為「我現在想告訴你們的事」。傾聽相隔六十年的老學長、鹿兒島第一位名譽博士、京瓷名譽會長稻盛和夫先生熱情的話語，使得每一位學生如沐春風。

稻盛先生懇切的談話中，不僅談到自己六十年來拚命努力的經驗，更告訴了我們心中懷抱「想法」的偉大力量，以及必須透過無論如何都想實現的強烈願望，將想法昇華為信念。

稻盛先生侃侃而談他的成功經驗：京瓷之所以創業並發展為世界級企業，都是來自於自己的「想法」；KDDI的誕生，同樣出自於純粹的「想法」；到最後，因為「利他的三個意義」而接受政府請託，接下重建日本航空的任務，並在不到三年的時間內完成使命。面對稻盛先生，學生們彷彿進入了「熱衷教室」一樣，每一個都全神貫注投入其中。

當天，雖然已經大幅超過時間，但稻盛先生仍然與五位學生進行了對話。面對最後一個提問，稻盛先生展露笑容說，「關於這點，只能靠你自己去摸索吧。如果我在你身邊，一定會打你屁股，然後罵說『你是笨蛋啊』。」聽到這樣充滿慈愛又詼諧的言語，會場每一個人不禁都笑顏逐開，深感能夠直接感受到稻盛先生，對於身為小學弟的自己表達關愛，實在是三生有幸。

在座談會之前，稻盛先生也在鹿兒島大學工學部稻盛會館對學生發表演講。本書便是配合這些內容所編撰而成，同時也介紹了當時學生的提問以及得到的回答。稻盛先生「想告訴年輕人的話」，全都一字一句印在本書上。

二〇一七年三月，鹿兒島大學的「進取氣風廣場」上，立起了由鹿兒島大學池川直教授所製作，稻盛和夫名譽博士的銅像。除了稻盛會館以及稻盛學院等學術、教育據點以外，現在本校又建立了一個堪稱精神象徵的名譽博士銅像。

今後，許多學生及教職員，甚至是不時前來造訪的各位市民，都將在進取氣風廣場一睹名譽博士的模樣，並瞻仰其「想法」。

銅像的銘文寫著以下話語：

無論遭遇何種逆境
無論置身多麼艱困的環境
不必灰心
只要隨時開朗懷抱希望
一步一步耐心付出平凡的努力
自己心中描繪的夢想
必能實現

稻盛和夫名譽博士是鹿兒島大學的榮耀，也是偉大的前輩。稻盛學院便是將稻盛先生的哲學、經營哲學（稻盛哲學）當作核心價值，並基於此努力從事教育研究以及社會合作、地方貢獻。

稻盛哲學是一種推動組織的經營哲學，也是推動個人與社會的社會哲學。其學術探究，以及以稻盛哲學為基礎進行的教育與社會貢獻，可說與以「進取精神」為涵養的鹿兒島大學之基本理念，有著異曲同工之妙。

這樣的使命將作為學校內部課程的一環，透過提供鹿兒島大學學生選修的「共同教育科目」、舉辦與京都獎獲獎者鹿兒島演講會合辦的「鹿兒島講座」，以及招收社會人士的進修證明課程「稻盛經營哲學」、廣邀校內外人士參加的稻盛學院座談會等活動，我們將致力於實現理想。

二〇一七學年度開始，稻盛學院為了建構完整體制，「人間教育」、「經營教育」、「區域、國際合作」三個部門，將增設部長以及教育人員，再加上特聘專家以及客座教授。今後，除了舉辦稻盛學院的計畫研究、國內體驗學習和海外研修，開設高中生專用課程也將納入未來計畫之中。

今後，除了大學與各部局以外，京瓷股份有限公司、公益財團法人稻盛財團、立命館大學稻盛經營哲學研究中心、盛和塾鹿兒島，以及鹿兒島縣暨相關機構，都將給予支援與協力、提攜，使得我們能夠完成學術殿堂所應有的使命。

鹿兒島大學稻盛學院長　武隈　晃

國家圖書館出版品預行編目（CIP）資料

稻盛和夫　活下去的力量（新裝紀念版）：過好一生的六項精進之道／稻盛和夫著；林子傑譯. -- 第二版. -- 臺北市：天下雜誌股份有限公司，2025.2
352 面；14.8×21 公分. --（天下財經；544）
譯自：活きる力
ISBN 978-986-398-992-9（平裝）

1. CST：人生哲學　2. CST：生活指導

191.9　　113003643

天下財經 544

稻盛和夫　活下去的力量（新裝紀念版）

過好一生的六項精進之道

活きる力

作　　者／稻盛和夫 Kazuo Inamori
譯　　者／林子傑
封面設計／Dinner Illustration
內文排版／顏麟驊
責任編輯／周采華、賀鈺婷、張齊方、呼延朔璟
校　　稿／西爾芙、黃莉涵、莊淑淇、郎秀慧

天下雜誌群創辦人／殷允芃
天下雜誌董事長／吳迎春
出版部總編輯／吳韻儀
專書總編輯／莊舒淇（Sheree Chuang）
出版者／天下雜誌股份有限公司
地　　址／台北市 104 南京東路二段 139 號 11 樓
讀者服務／（02）2662-0332　　傳真／(02）2662-6048
天下雜誌 GROUP 網址／ http://www.cw.com.tw
劃撥帳號／ 01895001 天下雜誌股份有限公司
法律顧問／台英國際商務法律事務所・羅明通律師
印刷製版／中原造像股份有限公司
總 經 銷／大和圖書有限公司　電話／（02）8990-2588
出版日期／ 2025 年 2 月 5 日第二版第一次印行
定　　價／ 450 元

書號：BCCF0544P
ISBN：978-986-398-992-9（平裝）

天下雜誌
觀念領先